Karl Kostia, Carl Millo

cker

Ein Blitzmädel

Posse mit Gesang in vier Acten

Karl Kostia, Carl Millocker

Ein Blitzmädel
Posse mit Gesang in vier Acten

ISBN/EAN: 9783744631440

Hergestellt in Europa, USA, Kanada, Australien, Japan

Cover: Foto ©Thomas Meinert / pixelio.de

Weitere Bücher finden Sie auf **www.hansebooks.com**

Neues

Wiener Theater.

Nr. 82.   1 fl. 20 Nkr.

Ein Blitzmädel.

Posse mit Gesang in vier Acten

von

Carl Costa.

Musik von Carl Millöcker.

Wien 1878.

Verlag von L. Rosner.

Tuchlauben Nr. 22.

Neues Wiener Theater.

Nr. 1. Drei Paar Schuhe. Lebensbild mit Gesang in drei Abtheilungen und einem Vorspiele von Carl Görlitz. Für die österreichischen Bühnen bearbeitet von Alois Berla. Preis 1 fl. od. M. 2.—

Nr. 2. Der Pfarrer von Kirchfeld. Volksstück mit Gesang in vier Akten von L. Anzengruber. Preis 1 fl. od. M. 2.—

Nr. 3. Ein Vater, der seine Tochter liebt. Posse in einem Akt nach dem Französischen von Hohenmarkt. Preis 50 kr. od. M. 1.—

Nr. 4. Isaak Stern. Posse mit Gesang in drei Akten von O. F. Berg. Preis 1 fl. od. M. 2.—

Nr. 5. Der Meineidbauer. Volksstück mit Gesang in drei Akten. Von L. Anzengruber. Preis 1 fl. od. M. 2.—

Nr. 6. Doctor Ritter. Dramatisches Gedicht in einem Aufzuge. Von Marie Baronin Ebner-Eschenbach. Preis 50 kr. od. M. 1.—

Nr. 7. Seit Gravelotte! Dramatische Kleinigkeit in einem Akt von F. Bell. Preis 50 kr. od. M. 1.—

Nr. 8. Die 73 Kreuzer des Herrn Stutzelberger. Posse in einem Akt. Frei nach dem Franz. v. Th. Homburg. Pr. 50 kr. od. M. 1.—

Nr. 9. Aus Cayenne. Original-Volksschauspiel in vier Aufzügen von Eduard Dorn. Preis 1 fl. od. M. 2.—

Nr. 10. Gringoire. Schauspiel in einem Akt von Th. de Banville, deutsch von Betti Paoli. Preis 60 kr. od. M. 1.20.

Nr. 11. Ein liberaler Candidat. Lustspiel in einem Aufzuge von Sigmund Schlesinger. Preis 60 kr. od. M. 1.20.

Nr. 12. Der letzte Nationalgardist. Volksstück in drei Aufzügen von O. F. Berg. Preis 1 fl. 20 kr. od. M. 2.40.

Nr. 13. Prinzessin Georges. Pariser Sittenbild in drei Aufzügen von A. Dumas (Sohn). Deutsch v. E. Mautner. Pr. 1 fl. o. M. 2.—

Nr. 14. Christiane. Schauspiel in vier Akten von Gondinet. Deutsch von Ed. Mautner. Preis 1 fl. 20 kr. od. M. 2.40.

Nr. 15. Zwischen zwei Uebeln. Original-Posse mit Gesang in einem Akt von Z. Brunner. Preis 60 kr. od. M. 1.20.

Nr. 16. Zwei Ehen. Lustspiel in einem Akt nach Locroy, von Anton Ascher. Preis 60 kr. od. M. 1.20.

Nr. 17. Auf verbotenen Wegen. Schwank in zwei Akten. Deutsch von Anton Ascher. Preis 60 kr. od. M. 1.20.

Nr. 18. Liselotte. Historisches Genrebild in einem Akt von Sigmund Schlesinger. Preis 60 kr. od. M. 1.20.

Nr. 19. Liebes-Tyrannei. Lustspiel in einem Aufzuge nach dem Französischen. Von Carl Treumann. Preis 60 kr. od. M. 1.20.

Nr. 20. Die Kreuzelschreiber. Bauernkomödie mit Gesang in drei Akten. Von L. Anzengruber. Preis 1 fl. 20 kr. od. M. 2.40.

Nr. 21. Fernande. Pariser Sittenbild in vier Akten von Victorien Sardou. Deutsch v. Ed. Mautner. Pr. 1 fl. 20 kr. od. M. 2.40.

Nr. 22. Die Gräfin von Somerive. Schauspiel in vier Akten von Barrière und Prébois. Preis 1 fl. od. M. 2.—

Nr. 23. Tricoche und Cacolet. Posse in 5 Abtheil. von Meilhac und Halévy. Deutsch v. Carl Treumann. Preis 1 fl. 20 kr. od. M. 2.40.

Nr. 24. Bon Appetit. Schwank in einem Akt. Nach dem Französischen von Otto Pfeiffer und Jul. Hilbert. Preis 60 kr. od. M. 1.20.

Nr. 25. Marcel. Drama in einem Akt von Sardou u. Decorcelle. Preis 60 kr. od. M. 1.20.

Nr. 26. Elfriede. Schauspiel in drei Akten von L. Anzengruber. Preis 80 kr. od. M. 1.60.

Nr 27. Sacré Coeur! Lustspiel in einem Akt. Nach fremder Grundidee von F. Bell. Preis 60 kr. od. M. 1.20.

Ein Blitzmädel.

Posse mit Gesang in vier Acten

von

Carl Costa.

Musik von Carl Millöcker.

Mit glänzendem Erfolge zuerst aufgeführt am h. k. priv. Theater an der Wien.

Wien 1878.
Verlag von L. Rosner.
Tuchlauben 22.

(Den Bühnen gegenüber als Manuscript gedruckt und für Oesterreich-Ungarn einzig und allein zu beziehen durch die k. k. concessionirte Theater-Agentur **Carl Weiß**, Mariahilf, Dreihufeisengasse 13.)

Erster Act.
„Im Telegraphen-Bureau."

Personen:

Schwarz, Vorstand des Telegrafen-amtes.
Karoline ⎫
Ottilie ⎪
Serafine ⎬ Telegrafistinnen.
Thekla ⎪
Clotilde ⎭
Amelie ⎫ Telegrafistinnen.
Louise ⎬
Baron Istvan Juhász, Gutsbesitzer.
Casimir von Wasserkopf.
Leo Brüller, Chorist.
Rudolf Kern, Jurist.
Sebastian, Amtsdiener.

Telegrafistinnen, Telegrafenbeamte, Parteien, Diener.

Ein großer Saal, welcher der Breite der Bühne nach durch ein niederes Holzgitter, das zwei Thüren hat, getrennt ist; am Geländer die Amtstische, deren jeder an einer höheren Eisenstange ein Täfelchen hat, auf welchem die Route zur Aufgabe der Depeschen ersichtlich ist. Im Vordergrunde eine große Tafel, worauf deutlich lesbar: „Die P. T. Parteien werden zu ihrer Bequemlichkeit ersucht, die Hüte aufzubehalten." Im eingeschlossenen Raume sind die verschiedenen Drähte der Telegrafenleitung. Außerhalb des Gitters im Vordergrunde rechts und links Schreibpulte nebst den betreffenden Stühlen und Bänken für die Parteien. Auf der linken Seite eine Thüre mit der Aufschrift „Vorstand". Die beiden Thüren rechts sind für den allgemeinen Verkehr. — Morgen.

Erste Scene.

Ottilie, Serafine, Thekla, Clotilde, Amelie, Louise sitzen mit den übrigen Telegrafistinnen gegen das Publikum gekehrt. Jener Tisch beim mittleren Eck-Vordergrund ist frei. Im Vordergrunde außerhalb des Gitters sitzt bei dem Pulte der Amtsdiener **Sebastian** und ordnet einen Pack Eingaben. Nach dem Chore der Telegrafistinnen werden hinter dem Gitter mehrere Telegrafenbeamte sichtbar, welche mit dem Damenpersonale in Amtsverkehr treten. Von der ersten rechten Seitenthür **Rudolf Kern**.

Chor der Telegrafistinnen.
Ob Sternenlicht, ob Sonnenschein,
Wir müssen stets sehr fleißig sein

So ohne Ruhe, ohne Schlaf,
Denn immer spielt der Telegraf.
Nach Süd und Ost, nach West und Nord
Gehen die Depeschen fort und fort,
Dazu heißt es auch noch jeder Zeit:
Nur Alles mit Geschwindigkeit.

Sebastian. Ja singen Sie nur, wann der Herr Vorstand es hört, wird er Ihnen schon einen Text dazu geben!
Ottilie. Ruhig, Sebastian!
Serafine. Ja, holen Sie uns lieber das Frühstück!
Alle. Ja das Frühstück.
Sebastian. Bis ich da fertig bin! — Nein, mich, ein alter Diener, der alle Feldzüge mitg'macht hat, muß mich jetzt von Frauenzimmern commandiren lassen, — 's is eine ganz verkehrte Welt!
Ottilie. Fräulein Serafine! Das geht Sie an, Rom will mit Berlin sprechen!
Serafine. Die in Rom könnten sich auch die Mühe ersparen, mit Berlin richten's nichts aus.
Thekla. Fräulein Ottilie, Pest ruft!
Clotilde. Ja, ja, ich hab' ohnehin schon die türkische Linie eingehängt!
Amelie. Fräulein Louise, Stambul hat Etwas an Petersburg.
Louise. Geht nicht, die russische Route ist vorläufig eingestellt.
Sebastian. So, das wäre in Ordnung — 197 Gesuche um eine einzige Sekretärstelle in Prag, — ich bin neugierig wer's wird?
Kern (in schwarzem Anzug ist aufgetreten).
Sebastian (Kern ersehend). Aha, da is schon Einer, der sich d'rum bewirbt, da hab' ich g'rad sein Gesuch, dieser Rudolf Kern hat zwar die besten Zeugnisse und die meisten Kenntnisse, aber deßwegen darf er die Stell' doch nit kriegen, weil er mich unlängst wegen Unhöflichkeit mit dem Publikum in den „Hans Jörgel" g'setzt hat!
Kern (ist zu Sebastian getreten). Guten Morgen! Ist der Herr Vorstand zu sprechen?

Sebastian. Nutzt Ihnen nix! Sie werden's doch nit!

Kern (entschieden). Ich bitte, mir nur meine Frage zu beantworten!

Sebastian (nach links weisend grimmig). Da drinn is der Vorstand!

Kern (lächelnd). Danke ergebenst, Herr Amtsdiener. (Links Seitenthüre ab.)

Sebastian. Mir scheint, der will mich noch papierln? Nein, diese Keckheit, mich in „Hans Jörgel" zu geb'n! — Allerdings thu ich den Parteien alle möglichen Grobheiten an, damit's ja ausbleiben und wir net so viel zu thun haben, aber was nutzt's, der Vorstand ist wieder mit Ihnen voller Höflichkeiten und so verdirbt mir dieser Chef das ganze Geschäft!

Alle. Unser Frühstück!

Sebastian (aufstehend). Ja, ja, ja, ich komm schon! (Im Abgeben.) Die Frauenzimmer sitzen im Amt, und ich, der Mann, muß ihnen den Kaffee bringen, — 's is eine ganz verkehrte Welt! (Durch das Gitter ab.)

Zweite Scene.

Es beginnt ein reger Parteienverkehr, unter welchem die im Laufe der Scene bezeichneten Personen: **Trapperl** und **Finkeles** mitauftreten; von rechts **Brüller**, während dessen Entrée, Parteienverkehr, ohne jedoch letzteres störend zu beeinträchtigen. **Ottilie. Sebastian.**

Entrée.

Brüller. Jugendpläne, gold'ne Träume,
 Bis zum Himmel Zukunftsbäume,
 Gage zwanzigtausend Gulden
 Und jetzt nichts als lauter Schulden.
 Statt gefeiert als Tenore;
 Sing ich jetzt so mit im Chore:
 Tralala!

 Zieh' doch lustig meiner Wege,
 Lache aller Schicksalsschläge,
 Zitt're nicht vor Wucherhänden,
 Mein Humor ist nicht zu pfänden.

Und geht's noch so an den Kragen,
Sing' ich, selbst mit leerem Magen,
Tralala!

So ist mir denn von allen meinen fantastischen Hoffnungen nichts geblieben als mein Humor, und — mein Tenor. — Die böse Welt hat zwar versucht, den letzteren zu verdächtigen, indem sie behauptete, es wär' ein Cravateltenor, aber nichts als pure Verläumbung, denn ich habe niemals in meinem Leben ein Cravatel getragen. So hat mich denn die Mißgunst von der Höhe eines Nikolini herabgestürzt bis zur Nichtigkeit eines Choristen; aber auch da war mein Humor ein Fallschirm, der mich glücklich über alle die Klippen dieses irdischen Jammerthales getragen hat. Das Fundament meiner Zukunft war, — Chorist mit lebenslänglichem Contract gegen vierzehntägige Kündigung. — Wer ahnt es, welche Qualen so ein armer Chorist oft durchzumachen hat. — Drei Tage hat er nichts gegessen und dann steht er Abends vor einem cachirten Truthahn und muß singen (Singt ohne Musikbegleitung):

Wie der Duft zur Nase bringt
Ha, welch' leck'res Mahl uns winkt!

Das Alles habe ich mit Lammsgeduld ertragen, ich zähmte den hungrigen Wolf in meinem Innern, ich war ein treuer Pudel der Kunst, bis man mir im letzten dramatischen Schafharel zumuthete, das Hinterläufel eines Elephanten zu machen, da erwachte in mir der Tieger, und nicht um einen ganzen Bären wäre ich in diesem Engagement geblieben. Ich bewies dem Regisseur, daß ich kein Hasenfuß bin, warf ihm einige Kameele und Rhinozerosse an den Kopf und ging dann stolz wie ein Löwe von hinnen. — So bin ich denn jetzt dramatischer Künstler auf Gastspielen. — Ich habe bereits die schmeichelhaftesten und glänzendsten Offerte, ich schwanke nur noch zwischen Wagram, Leitomischl und Floridsdorf! — Bei jedem steht „Drahtantwort bezahlt" ein Beweis, daß es Directoren sind, welchen bedeutende Capitalien zur Verfügung stehen. — Aber jetzt schnell ein Telegramm aufgegeben! (Stürzt zum Holzgitter, alle übrigen Personen bei Seite drängend, worüber selbe durch Murren und Gesten ihren Unwillen ausdrücken.) Habe die Ehre, meine Damen — (Sein Telegramm emporhaltend) eine höchst bringende Depesche, aber wo ist denn das Blitzmädel, Fräulein Karoline?

Ottilie. Sie wird bald kommen, ihr Dienst fangt erst um 9 Uhr an!

Brüller. Dann müssen schon Sie Fräulein! die Güte haben, aber Sie, ich bitte, ist die Linie Wien—Leitomischel nicht vielleicht mit Staatsdepeschen belegt, — ich habe es sehr eilig, es ist die höchste Gefahr, — wenn der Director nicht rechtzeitig meine Antwort kriegt, thut er sich vielleicht was an! —

Ottilie. Fürchten Sie nichts, es wird sogleich expedirt!

Brüller. Gott sei Dank, mir wäre nur um den Director, ich hab' noch Engagements genug, mir bleibt noch Wagram und Floridsdorf!

Sebastian (zu Brüller im brutalen Ton). Was stehen Sie denn immer noch da, ich schau' Ihnen schon langmächtig zu — da wird nix g'speanzelt, das ist ein moralisches Amt — verstanden!

Brüller. Erlauben Sie, ich wart' ja auf Drahtantwort.

Sebastian. Da g'hören Sie auf die Bank, nicht daher!

Brüller. Erlauben Sie, Sie sprechen mit mir in einem Ton, wissen Sie, wer ich bin?

Sebastian (immer heftiger). Das ist mir schetzko jedno!

Brüller. Ich bin Künstler!

Sebastian. Daß ich nit lach'!

Brüller. Herr!

Sebastian. Ruhig — oder —

Brüller. Mir das? — Sie Grobian!

Sebastian. Sie Papplöffel!

Brüller. Ha! — Die Damen sind Zeuginnen — Satisfaction! — ich gehe zum Herrn Amtsvorstand. Ein Künstler wie ich — ein Papplöffel! Ha! (Stürzt durch die linke Seitenthüre in heftiger Erregung ab.)

Sebastian. Das wird in dieser Woche schon das neunzehnte Protokoll, was mit mir wegen Beleidigung des Publikums aufgenommen wird. Es ist zu dumm — Parteien, die sich unterstehen, mich, einen Beamten, zu verklagen! 'S is eine ganz verkehrte Welt. (Durch die zweite Seitenthüre rechts ab.)

Dritte Scene.
Prüller. Karoline.

Entrée.

Karoline (sehr rasch und lebhaft)

Hab' die Ehre, meine Damen!
Hab' die Ehre, meine Herr'n!
Ganze vierundzwanzig Stunden
War ich Ihnen Allen fern,
Was ist Alles denn passiret
Was ist Neues denn gescheh'n?
Denn in so viel langen Stunden
Können Staaten untergeh'n!
Wird der Serbe wohl gewinnen?
Oder ruft der Türke! Sieg!?
Und was sagt dazu der Russe,
Giebt es Frieden oder Krieg?!
Rüstet England seine Flotten?
Und was meint dazu Berlin?
Und mit wem hat sich verbündet
Jetzt die Politik in Wien.
Wird Lulu denn wirklich freien?
Und wen nimmt er sich zur Frau?
Und wie steht's mit den Papieren
Ist die Börse noch so flau?
Steht's noch schlimm mit den Geschäften,
Wie man allseits lamentirt?
Und wie viele Handelsfirmen
Haben heute denn fallirt? —
Hört man noch wie bisher täglich
So von Diebstahl, Einbruch nur?
Und giebt's viele Defraudanten
Denen man noch auf der Spur?
Kurz, was irgend vorgefallen,
Wenn es auch so winzig nur,
Alles, Alles muß ich wissen
Und so bin stets à jour!!

Ja, Alles muß ich wissen, denn erstens bin ich ein Frauenzimmer, und zweitens, soll ich als Telegrafistin mit den laufenden Tagesereignissen vollkommen vertraut sein! — Und wenn der Himmel und das hohe Ministerium mir günstig sind, so schlägt vielleicht bald die letzte Stunde meiner Amtsthätigkeit. Heute wird der Vorschlag zur Besetzung jener Secretärstelle in Prag gemacht, erhält sie Rudolf — dann — oh —! Ich gab ihm den Rath, sich bei unserem Vorstand vorzustellen — (Nach der Thür links sehend.) ob er ihn wohl verläßt mit Hoffnungen zur Erreichung unseres gemeinsamen Zieles?! — Ach! die Thüre öffnet sich (Enttäuscht.) — nein, es ist der Brüller!

Brüller (im Heraustreten für sich). Diesen Amtsdiener habe ich eingetunkt (Er sieht Karoline und tritt auf sie zurück). Ah, da ist ja unser Blitzmädel, Fräulein Karoline!

Karoline. Sagen Sie, Herr Brüller, weßhalb eigentlich nennen Sie mich ein Blitzmädel?

Brüller. Weil Sie ein Blitzmädel sind! — Oder sind Sie nicht in Gedanken, in Worten, wie in Thaten rasch wie der Blitz? In Gedanken, — Sie überlegen schnell und fassen ebenso Ihre Entschlüsse, — in Worten, Sie bleiben nie eine Antwort schuldig und Ihr Witz ist schlagfertig, wie der Blitz, — in Thaten — denn Ihren Entschlüssen folgt sogleich die Ausführung und wie edel Ihre Thaten oft sind, davon kann am Besten ich als Ihr Nachbar erzählen, dem Sie oft im kritischen Momente, zur rechten Zeit mit Ihrer Hilfe beigesprungen sind. — Und endlich hat nicht Ihre telegrafische Amtsthätigkeit etwas blitzartiges — kurz für mich sind und bleiben Sie: Ein Blitzmädel!

Karoline. Ich danke Ihnen sehr für dieses Compliment!

Brüller. Oh, nur der Ausdruck meiner Ueberzeugung. Aber nun etwas Anderes, — ich habe da drinnen einen jungen Mann gesehen.

Karoline. Einen jungen Mann?

Brüller. Ja, der mir sehr bekannt vorkam, — mir war's, als wenn ich ihn vor drei Wochen im Stadtparke mit einem gewissen Fräulein Karoline gesehen hätte.

Karoline. Pst! Die Wände haben Ohren, außer meinen Colleginnen darf es noch Niemand ahnen — Sie wissen ja, das Auge der Regierung wacht streng über unsere Tugend! Und was sollen wir nicht alles für Tugenden haben? — Treu, gehorsam, verschwiegen, zuvorkommend, rasch, fleißig, subordinirt, unverdrossen, sittsam und so weiter, und das alles für monatliche fünfundzwanzig Gulden, es kommt somit eine gute Eigenschaft nicht einmal auf zehn Kreuzer!

Brüller. Ich habe also betreffs des jungen Mannes doch recht gesehen?

Karoline. Ja, es war im Stadtpark damals, als er mir eben sagte: Karoline, ich liebe Dich mit der ganzen Gluth meiner Seele!

Brüller. Was, wie er Sie das erstemal gesehen, hat er schon „Du" gesagt?

Karoline. Oh, wir waren bereits fünf Wochen früher in Larenburg, er führte das Ruder und ich lehnte so wonnig mein Lockenhaupt an seine Schulter.

Brüller. Ohne ihn näher zu kennen.

Karoline. Oh, damals kannten wir uns schon ein wenig — wir trafen uns auf der vierten Gallerie des Burgtheaters, wie am vorletzten Allerseelentage eben „Müller und sein Kind" aufgeführt wurde. — Oh, wie schluchzte ich damals in seinen Armen voll tief empfundener Rührung!

Brüller. Wie? Kaum gesehen und schon in seinen Armen?

Karoline. Oh, wir ritten auf Eseln bereits zusammen im Sommer auf den Kahlenberg!

Brüller. Ah, erlauben Sie, da kennen Sie sich ja dann schon bereits seit wenigstens zwei Jahren?

Karoline. Eben lang genug, um endlich an einen ernsten Schritt zu denken!

Brüller. Wozu ich mich mit Freuden in jeder Beziehung als Beistand anbiete!

Karoline. Ich danke Ihnen! (Indem sie sich dem Schranken nähert.) Doch jetzt ruft mich meine Pflicht! (Hat den Platz an der mittleren Ecke der Barriere eingenommen.)

Brüller. Ich muß mich auch anfragen. (Zu Ottilie tretend.) Noch immer keine Antwort?

Ottilie. Nein, aus Leitomischl ist noch keine Depesche da!

Brüller. Nun, wenn sich der Director nicht beeilt, so schließe ich mit Wagram oder Floridsdorf ab!

Karoline. Sie wollen also wirklich nicht mehr hier spielen?

Brüller. Nicht um eine Million, außer ich bekomme um fünf Gulden mehr Gage! — Ohne mich muß der Director zu Grunde gehen, denn ich war zu beliebt beim Publikum.

Karoline. So?

Brüller. Meine Abschiedsrolle im „Alpenkönig und Menschenfeind" — war das ein Applaus! Das Publikum konnte ja gar nicht mehr applaudiren, das war nur mehr ein Gejohle; aber sie waren ja auch im Theater?

Karoline. Allerdings, doch ich habe Sie nicht spielen gesehen!

Brüller. Weil ich ein Veilchen bin, das im Verborgenen blüht.

Karoline. Ja, was haben Sie denn dargestellt?

Brüller. Erinnern Sie sich an den Schluß des ersten Actes?

Karoline. Ah, wo das schöne Lied gesungen wird. (Singt.)

So leb' denn wohl, du stilles Haus,
Ich zieh betrübt aus dir hinaus.

Brüller. Ja, ja, das ist's schon!

Karoline. Das waren also Sie?

Brüller. Nein, ich war der Andere!

Karoline. Welcher?

Brüller. Nun, der hinter der Scene! (Das Hundegebell nachahmend.) Hau! Hau!

Karoline (lachend). Ah, Sie haben also den Hund gemacht?

Brüller. Oh, ich mache alle Thiere. (Ahmt den Gaisbock nach.) mäh! (Die Tauben.) Gugru! (Die Katze.) miau! (Und den Hahn.) Kikeriki!

(Alle lachen.)

Brüller. Ja, lachen Sie nur, die Kunst geht eben nach Brod und muß da ein Chorist nicht Alles thun für fünfzig Kreuzer Spielhonorar?!

Vierte Scene.

Von der linken Seitenthüre **Rudolf Kern**. Vorige.

Karoline (Rudolf ersehend). Ah, da bist Du ja, Rudolf, nun?

Kern (mit Höflichkeit). Ich bringe die besten Hoffnungen — der Herr Vorstand hat mir alle Aussicht auf die Prager Stelle gegeben — nun handelt es sich nur darum, daß sein Vorschlag auch höheren Orts Genehmigung findet!

Brüller. Das ist eben die Geschichte — oh, ich kenne das! Ich zum Beispiel kam einmal ein um die Stelle eines Hofkammersängers, mein damaliger Director versprach mir, sich zu verwenden und sagte, es sei ihm selbst viel daran gelegen — an meinem Fortkommen! — Glauben Sie, ich erhielt diese Stelle? — Keine Idee! — Nichts als Intriguen!

Kern (verwundert). Mein Herr?

Karoline (Brüller vorstellend). Einer meiner ältesten Bekannten, mein Nachbar, Herr Brüller.

Brüller (einfallend). Der lebhaftes Interesse an Ihrem Lebensglücke nimmt!

Kern. Sehr verbunden, mein Herr!

(Parteien sind aufgetreten, und drängen sich zum Schranken.)

Brüller (zu Kern). Ich will Ihnen diese Hofkammer=sänger-Geschichte ganz ausführlich erzählen — doch es kommen Parteien — setzen wir uns indeß dort. (Führt Kern zu der Bank rechts, wo sich Beide, weitersprechend, niederlassen.

Fünfte Scene.

Von rechts Baron **Juhasz Istvan**, ein derb jovialer Ungar, in Nationaltracht, mit **Casimir v. Wasserkopf**, ein töpelhafter Junge, der in der Rede wie im Gesang stets mit der Zunge anstößt, welcher Sprachfehler in komischer Weise zur Geltung zu bringen wäre. **Vorige.** Zum Schlusse **Sebastian**.

Juhasz. No hát jól van, da sind wir jetzt, Casimir, nimm Dich nun zusammen, daß Du nicht wieder red'st dummes Zeug!

Casimir. Aber Sie fimpfen immer fo auf mich und Sie find doch mein Pathe.

Juhasz. Igen sajnálom, daß ich es bin, weil mir immer fallt ein Sprichwort: Tauffind gerath nach Pathen! Teremtete! nach Dir! Was müßt' ich da fein für ein dummer Kerl! (Nimmt den Kalpak herab und behält denselben in der Hand.) Ebatta, ift mir heiß geworden vom Spaziergang.

Casimir (hat die Telegrafistinnen erfehen). Da fauen Sie hin, Herr Pathe, was dort für föne Damen fitzen.

Juhasz. Schaut auch schon auf Madl, das is einzige Eigenschaft, was hat er von mir. (Hat fich umgewendet.) Hat Recht, Bub, fein fehr fauber (Nach Karoline weifend.) und gar die Eine, die gefällt mir befonders. (Ift zu Karoline getreten.) Entschuldigen, wenn ich mir erlaube, Sie etwas zu beläftigen!

Karoline. O, ich bitte!

Juhasz. Belieben wahrscheinlich zu fein Fräulein Beamtin?

Karoline. Zu dienen, wünschen Sie vielleicht zu telegrafiren?

Juhasz. Nein, köszönöm, meine Wirthschaft in Káko=vásárhely is beforgt, aber haft Du vielleicht Etwas zu bemerken Deiner Frau Mutter in Buda=Pest?

Casimir. Nein!

Kern (zu Brüller). Was hat denn diefer Ungar wohl fo lange mit Karoline zu unterhandeln?

Brüller. Paffen wir auf, das werden wir gleich wiffen! (Beide schenken nun dem weiteren Dialoge ihre Aufmerksamkeit.)

Karoline. Nun, wünschen Sie vielleicht fonst eine Auskunft?

Juhasz. Möcht ich wohl ergebenft gebeten haben.

Karoline. Sprechen Sie nur!

Juhasz. Soll hier fein Amtsvorstand, was heißt Fekete?

Karoline. Fekete wohl nicht, er nennt fich Schwarz.

Juhasz. Na, Fekete oder Schwarz, das ift ja alles eins! Sagen Sie mir im Vertrauen, was is er eigentlich für ein Menfch?

Karoline. Oh, er ift ein braver, grundehrlicher Charakter!

Juhasz. Joi, joi, joi, das ist mir sehr unangenehm.

Karoline. Wie, daß wir einen rechtlichen Mann zum Vorstande haben, ist Ihnen unangenehm?

Juhasz. Is mir unangenehm, weil er dann vielleicht macht Schwierigkeiten.

Karoline. In wie ferne?

Juhasz. Ich bin nämlich gekommen mit meinem Pathenkinde, um mich zu bewerben um die Sekretärsstelle beim Telegrafen zu Prag.

Kern. Ah, solch ein Tölpel als Concurrent!

Brüller. Sehen Sie, gerade so, wie bei meiner Hofkammersänger=Stelle!

Casimir. Ja, mein Fräulein, dann werden wir Collegen sein, oh, ich werde mich son mit den Damen gut vertragen.

Karoline. Wie, dieser junge Herr will diese Stelle? Sind Sie denn auch schon geimpft?

Casimir. Mir seint, aber gewiß weiß ich es nicht, nur das Eine weiß ich, daß ich die Safblattern gehabt habe.

Karoline. Ja, und wie steht es denn mit den Kenntnissen, hat der junge Herr etwas gelernt?

Juhasz. Das zwar nicht, aber macht gar nix, Präsident, was hat zu entscheiden, is mein Vetter, und wenn ich nur gewinne dafür Vorstand, dann is gar kein Zweifel, daß er wird kriegen die Stell'!

Kern. Ah? (Ist aufgestanden.)

Brüller. Aber ganz so wie bei meiner Hofkammerstelle! (Aufstehend.)

Karoline (bei Seite). Also trotz seiner Dummheit so gefährlich? Da heißt es auf der Hut sein!

Juhasz. Will ich versuchen jetzt mein Glück, aber wo sind ich Vorstand?

Karoline (auf den aus der linken Seitenthüre eben heraustretenden Sebastian weisend). Wollen Sie sich gefälligst nur an den Amtsdiener wenden!

Juhasz. Danke ergebenst, war mir sehr angenehm zu machen Ihre werthe Bekanntschaft!

Karoline. O, ich bitte, das Vergnügen war meinerseits.

(Kern ist mit Brüller zu Karoline getreten.)

Karoline. Hast Du gehört, Rudolf!

Kern. Alles!

(Juhasz ist mit Casimir zu Sebastian getreten.)

Juhasz. Sie, guter Freund, sagen Sie mir, wo is Herr Amtsvorstand?

Sebastian (sehr grob). Ich bin nit Ihr guter Freund, — hab'n Sie mich verstanden, und dann, was is denn das für eine Manier?! (Indem er auf Juhasz unbedeckten Kopf weist, schreiend:) Zu was sein denn die amtlichen Vorschriften da?

Juhasz (verwundert). No, hát, was ist denn geschehen?

Casimir. Warum schreien Sie denn so?!

Sebastian (immer heftiger, indem er auf die Tafel links weist). Können Sie nicht lesen, was da steht? „Die Parteien werden ersucht, die Hüte aufzubehalten." Wie können Sie sich unterstehen, dann Ihren Hut herunterzunehmen, glauben Sie, weil Sie von Ungarn sind, dürfen Sie sich Alles herausnehmen, — hier sind Sie Partei, wie jede andere!

Juhasz. Dummer Kerl!

Sebastian. Was — schimpfen auch noch?!

Juhasz. Pro primo, bin ich nicht Partei, sondern Gutsbesitzer, und pro secundo, is das kein Hut, sondern Kalpak!

(Alle lachen.)

Sebastian (bei Seite). Da hat er wieder Recht — vom Kalpak steht nix d'rauf — da muß ich gleich höheren Orts drauf aufmerksam machen.

Sechste Scene.

Vorstand **Schwarz** (ein älterer Herr von schlichtem einnehmenden Aeußern, der den gemüthlichen Wiener Dialekt spricht, tritt aus dem Zimmer links, er trägt Akten in der Hand und ist eben im Begriffe in den Hintergrund zu gehen). **Vorige.**

Sebastian (ist zu Schwarz getreten). Herr Vorstand, die zwei, wollen was reden — wird net viel G'scheidtes sein! (Wendet sich zum Abgehen nach der Barriere — im Abgehen:) Dummer Kerl hat er gesagt! — Eine Partei, die noch gröber is, als ich! — Nein s'is eine ganz verkehrte Welt! (Durch den Schranken in den Hintergrund ab.)

Schwarz (zu Juhasz tretend). Sie wünschen, mein Herr!

Juhasz. Hab ich wohl die Ehre mit Herrn Vorstand Fekete, oder will sagen Schwarz zu sprechen?

Schwarz. Schwarz — Allerdings, so heiß ich, womit kann ich dienen?

Juhasz. Ich bin der Baron Istvan Juhasz, Gutsbesitzer aus Kátóvásárhely und das ist mein Täufling Casimir von Wasserkopf.

Casimir. Es ist mir sehr schmeichelhaft, mich dem Herrn Vorstande persönlich mit sulbigem Respecte vorzustellen.

Schwarz (nachdenkend). Wasserkopf? Doch nicht derselbe, der um jene Secretärsstelle in Prag sich bewirbt?

Juhasz. Belieben errathen zu haben, Herr Vorstand!

Schwarz. Da bedauere ich, Ihnen durchaus keine Hoffnungen geben zu können, der junge Herr hat ja sogar die schlechtesten Schulzeugnisse!

Juhasz. Macht nix, is Präsident, mein Vetter, wenn belieben, Herr Vorstand ihn nur zu bringen in Vorschlag, dann wird schon gehen.

Schwarz. Auf mich dürfen Sie da nicht im Geringsten rechnen, ich bin stets im Leben meinen geraden Weg gegangen und bleibe auch dabei!

Juhasz. Aber belieben nur zu nehmen gnädigst Rücksicht, er ist ja ein Wasserkopf —

Schwarz. Ich kenne nur eine Rücksicht und das ist der Dienst — einem Unwürdigen Gnade erweisen, heißt da zugleich die Würdigen strafen, und dazu gebe ich wenigstens meine Stimme nicht — und was weiter entschieden wird, dafür stehe ich außer Verantwortung! (Indem er sich verbeugt.) Es war mir eine besondere Ehre, Herr Baron — und empfehle mich bestens! (Durch das Geländer in den rechten Hintergrund ab.)

Karoline (zu den Ihrigen). Ein braver Mann, unser Herr Vorstand!

Juhasz. Teremtete, war mir gleich unangenehm, wie hob' gehört, daß is grundehrlicher Charakter!

Casimir (weinend). Ich bin jetzt ein geschlagener Mensch!

Juhasz. Na hát, laß gut sein, Casimir, und wein' nicht, teremtete, mußt doch kriegen die Stell — laß nur mich machen — gehen wir zuerst zu Cousine Marie von Kutschenreiter, was is Rathswitwe und Schwester von Präsidenten.

Brüller (hat aufgemerkt und wird von Karoline pantomimisch aufgefordert zu notiren, welcher Aufforderung er nachkommt).

Juhasz (fortfahrend). Dann gehen wir darauf zu Vetter, Grafen von Sternheim, was ist Diplomat und auch Vetter von Präsidenten, und dann endlich gehen wir zu Professor von Birke, was ist Schwager von Präsidenten, da müßt doch zugehen mit Satan, wann wir nicht durchsetzen. Casimir, was Ungar will, muß geschehen. Kutya lánczos teremtete! Ungar ist gescheiteste Nation auf der ganzen Welt! (Mit Casimir rechte Seitenthüre ab. — Alle Parteien und Beamte sind ab von der Bühne.)

Siebente Scene.
(Alle auf der Bühne Anwesenden treten nun in den Vordergrund.)

Rudolf (zu Karoline). Hast Du gehört, welche mächtige Protectionen diesem Ungar zur Seite stehen?

Brüller. Sind schon alle da aufgeschrieben!

Rudolf. Unter solchen Umständen sind unsere Hoffnungen vernichtet.

Karoline. Aber Rudolf, den Muth nicht verloren, wer sich aufgibt, wird auch von den Andern aufgegeben. Man wirft uns den Fehdehandschuh hin, gut, nehmen wir den Kampf auf!

Rudolf. Aber mit welchen Waffen?

Karoline. Mit den Waffen der List! Du mußt Deine Kenntnisse am rechten Orte zur Geltung bringen, Du mußt die Aufmerksamkeit auf Dich zu lenken suchen, kurz, Du mußt ein gesuchter Mann werden!

Rudolf. Ja, aber wie soll ich denn dies anfangen; ein gesuchter Mann zu werden?

Brüller. Wissen Sie was, brechen Sie bei einem Juwelier ein, dann kommen Sie in den Polizei=Anzeiger und sind ein gesuchter Mann!

Karoline. Jetzt will ich Euch beweisen, daß ich auch das sein kann, was dieser Herr (Auf Brüller weisend.) mich zu nennen beliebt, nämlich ein Blitzmädl! — Ich, Rudolf, will Dir diesen Posten verschaffen!

Rudolf. Du? — Aber wie?

Karoline. Das ist vorläufig mein Geheimniß! (Zu den Telegrafistinnen.) Doch rechne ich dabei auf Eure Beihilfe!

Telegrafistinnen. Wir stehen zu Dir!

Karoline. Und besonders auf die Ihre, Herr Brüller.

Brüller. Der Ihrige auf Leben und Tod!

Karoline. Vor Allem ist es nothwendig, die Eigenschaften dieser drei Personen auszukundschaften. Jeder Mensch hat seine Schwächen und versteht man ihn, dabei zu packen, so hat man leichtes Spiel und geht als Sieger aus dem Kampfe.

Brüller. Das Auskundschaften dieser Schwächen übernehme ich!

Karoline. Und das Andere ist meine Sache.

Ensemble.
(Sehr frisch.)

Karoline. Die Räthin, die ist eine Frau,
Und Frauen sind gewöhnlich schlau,
Da heißt es vorgeh'n mit Bedacht,
Daß man's so klug als möglich macht!

Alle. Da heißt es vorgeh'n mit Bedacht,
Daß man's so klug als möglich macht!

Karoline. Darauf, dann kommt der Diplomat.
Ob der wohl schwache Seiten hat?
O diese Herrn sind extra fein.
Da muß man diplomatisch sein.

Alle. O diese Herrn sind extra fein,
Da muß man diplomatisch sein! —

Karoline. Und endlich ein gelehrter Mann,
Der Alles weiß und Alles kann,
Damit zum Schluß man nicht verliert,
Heißt's was Apartes ausstudirt!

Alle. Damit zum Schluß man nicht verliert,
Heißt's was Apartes ausstudirt.

Karoline. Und so will sie lust'ger Weise ganz sein,
Ein Blitzmädl, Blitzmädl, Blitzmädl sein.

Alle (indem sie Tanzbewegungen beginnen).
Und so will sie lust'ger Weise ganz sein,
Ein Blitzmädl, Blitzmädl, Blitzmädl sein.

(Der Vorhang fällt.)

Ende des ersten Actes.

Zweiter Act.

„Für den guten Zweck."

Personen:

Marie, Edle von Kutschenreiter, Rathswitwe.
Baron Istvan Juhasz.
Casimir von Wasserkopf.
Marquise Alphonsine de Vivesière.
Abbé de St. Renard.
Rudolf Kern.
Major Mannstein.
Jeannette, Stubenmädchen.

Ein luxuriös mit dem Gepränge der Frömmelei eingerichteter Damensalon mit Mittel- und Seitenthüren. — Tag.

Erste Scene.

Von der Mitte die Rathswitwe **Frau von Kutschenreiter**, eine Dame noch in den besten Jahren, in eleganter Straßentoilette, Halbtrauer, mit einem großen, auffällig reich mit Silber beschlagenen Gebetbuche; — ihr ruhiges Auftreten muß schon äußerlich ihre bigotte Schwärmerei kennzeichnen. — Sie spricht den gemacht vornehmen deutschen Prager Dialekt, wodurch ihre Ausdrucksweise eine komische Färbung erhält. — Ihr folgt unmittelbar das Stubenmädchen **Jeannette**, um ihr beim Ablegen der Straßentoilette behilflich zu sein.

Kutschenreiter (ist schweigend in den Hintergrund getreten und legt das Gebetbuch auf den Tisch, dann während des Ankleidens). War Niemand hier?

Jeannette (Im Wiener Dialekte). Niemand, als der Bediente mit diesem Brief vom Herrn Major Mannstein (übergiebt selben), die Antwort wird sich der Herr Major selber holen.

Kutsch. (im verweisenden Ton). Jeannette, ich habe Dir schon wiederholt gesagt, daß ich eine reine deutsche Aussprache zu hören wünsche, dieser locale Ton verräth eine schlechte Erziehung und paßt nicht in meinem Hause!

Jeannette (im mühsam erkünstelten Hochdeutsch, daher komisch). Entschuldigen, gnädige Frau, ich habe mich nur wieder vergessen, aber wenn man am Thury geboren ist —

Kutsch. Nun ich begreife, es fällt Dir etwas schwer, doch es wird sich geben. Wenn Du, wie ich, in einem Prager Damenstifte aufgewachsen wärst, würde es Dir allerdings weniger Mühe verursachen.

Jeannette. O ich bitte, ich war auch in der Schule!

Kutsch. (lächelnd). Eure Schulen! Ist doch Prag noch die einzige Stadt, wo ein schönes reines Deutsch gesprochen wird! (Oeffnet den Brief und liest selben.)

Jeannette (ist währenddem mit den Oberkleidern in die linke Seitenthüre abgegangen, von wo sie dann gleich nach dem folgenden Monologe wieder zurückkommt).

Kutsch. Meine Ahnung hat mich also nicht getäuscht, er macht mir einen Heiratsantrag! Allerdings kannte er mich bereits als Mädchen, wie ich aus dem Kloster der Ursulinerinnen zeitweise meine Verwandten besuchte — damals war er noch ein armer Lieutenant und an eine weitere Annäherung nicht zu denken. Später trafen wir uns wieder, ich war bereits Räthin und begleitete meinen kranken Gatten nach Ostende, — er war noch immer unverheiratet. — Seitdem ich nun Witwe bin, kam er öfters — er ist noch jetzt ein schöner Mann, er blieb ein braver Charakter, aber mein Entschluß steht fest, meine kurze Ehe war so freudenleer, daß ich mein Leben nur dort beschließen will, wo ich in meiner Jugend liebevolle Aufnahme fand — im Kloster! (Setzt sich zum Schreibtisch.) So werde ich denn seinen Antrag auch schriftlich, jedoch in schonendster Weise ablehnen. (Ersieht während des Schreibens die eben eintretende Jeannette, welche durch die Mitte abgehen will.) Jeannette, wenn der Major Mannstein kömmt, so wirst Du ihn unter irgend einem Vorwande zurückhalten.

Jeannette. Wie, gnädige Frau, ich darf den Herrn Major nicht vorlassen?

Kutsch. Nein, Du meldest ihn nur und wirst ihm dann dieses Schreiben einhändigen, hast Du mich verstanden?

Jeannette. Ja, gnädige Frau, ich habe es ganz wohl verstanden?

Kutsch. (freundlich). Siehst Du, jetzt ist es recht, bemühe Dich nur immer so, Deine Aussprache zu verbessern.

Jeannette. O, ich thue ja ohnehin Alles, was ich thun kann! (Im Abgehen bei Seite wieder sehr urwüchsig local.) Na, da kunnt man sich rein bö Zungen auskegeln. (Durch die Mitte ab.)

Kutsch. Es ist besser, wenn ich ihn nicht mehr bei mir empfange, wir ersparen uns Beiden eine peinliche Scene — (Fortschreitend, im selben Momente außen Lärm von Streitenden.) Was ist das!

Zweite Scene.

Die Mittelthüre öffnet sich, in derselben **Jeannette**, indem sie Baron **Istvan Juhasz** und **Casimir** den Eintritt verweigern will. **Frau v. Kutschenreiter.**

Juhasz. Kutya lánczos teremtette, was macht die Mamsell für Geschichten? Bin ich ja da, wie zu Haus!

Jeannette. Aber ich bitte, meine Herren —

Juhasz (Kutschenreiter ersehend, tritt mit Casimir ein). Kérem alásan da is ja meine liebe Frau Cousine Irma, no seien Sie herzlich von mir gegrüßt! (Hat ihre Hand ergriffen und geschüttelt.)

Jeannette. Ich bitte, gnädige Frau, ich kann wirklich nichts dafür, wenn —

Kutsch. Gut, Jeannette, geh' nur! Bitte Platz zu nehmen, meine Herren!

(Jeannette Mitte ab.)

Was führt Sie nach Wien, Herr Cousin?

Juhasz. Geschäfte, — hab' ich von meiner Besitzung Rindvieh gebracht, da hier in landwirthschaftlicher Ausstellung, wo vielleicht krieg' ich Preis=Medaille.

Casimir (hat sich einigemal genähert, ohne daß er bisher beachtet wurde).

Kutsch. (auf Casimir weisend). Und dieser junge Mann?

Juhasz. No, den hab' ich gleich auch mitgenommen, weil such' ich für ihn Stellung.

Kutsch. (bietet Beiden Plätze an).

Casimir (Frau Kutsch. die Hand küssend). Sie entschuldigen, gnädige Frau, daß ich mich vorstelle, mein Name ist Casimir von Wasserkopf.

Juhasz. Hat eine sehr ausgebreitete Verwandtschaft!

Casimir. O, unser Geschlecht ist ja auch ein uraltes, die Familie der Wasserköpfe stammt noch aus der grauen Vorzeit.

Juhasz. Igen, aus der sehr grauen!

Casimir. Deshalb wollte ich mich unterstehen —

Juhasz (ihn unterbrechend). Hallgass! werden wir schon noch davon sprechen. — Jetzt sagen Sie mir vor Allem, liebe Frau Cousine, wie geht es Ihnen, no hát, braucht man eigentlich gar nicht zu fragen, Ihr Gesicht ist ja so dick, wie Luftballon, wann is gefüllt mit Gas.

Kutsch. (beleidigt). Herr Cousin!

Juhasz. No nix für ungut, war nit bös gemeint, aber wann man is das ganze Jahr so unter Bauern, so vergißt man halt dann manchmal den Baron, verzeihen Sie also, Cousine!

Casimir. Um endlich davon zu sprechen, was mich —

Juhasz. Halgasch! hab' ich gesagt. Du wirst noch zeitlich genug daran kommen! (Zu Kutschenreiter.) No hát, was is alles vorgefallen, seitdem wir uns nicht haben gesehen?

Kutsch. Sie wissen ja, mein Mann, der Rath ist mittlerweile gestorben.

Juhasz. Weiß' ich, hab' ihn auch gekannt, den alten Federfuchser!

Kutsch. Lassen wir die Todten ruhen!

Juhasz. Nem bánom, hab' ich nur wollen geben Ausdruck, wie is mir leid um Sie, daß Sie haben eigentlich noch von Vergnügen gar nix genossen!

Kutsch. O, ich verzichte auf diese Genüsse!

Juhasz. Weil Sie noch gar nicht wissen, wie gut is, wenn man is so recht verliebt.

Casimir. O ja, gnädige Frau, die Liebe ist ein sehr süßes Gefühl.

Juhasz. Halgass! da hast Du gar nix darein zu reden (Fortfahrend zu Kutsch.) No, Sie haben verbracht zwischen finstern Mauern ihre Kinderjahre, Sie waren gefesselt dann an einen alten traurigen Mann, no hát, jetzt sind Sie frei, haben beerbt die reiche Tant, no no da können Sie jetzt treffen die Wahl nach Ihrem Herzen.

Kutsch. Ich habe meine Wahl bereits getroffen!

Juhasz. No, da gratuliere ich!

Kutsch. Mein Vermögen und meine Person gehören dem Kloster!

(Juhasz springt wüthend auf, so daß Casimir erschreckt vom Stuhle fällt.)

Juhasz. Kutya lánczos teremtette, da schlag' doch gleich das ungarische Donnerwetter b'rein!

Kutsch. (höchst erbittert). Herr Baron!

Casimir. Nein, bin ich aber jetzt erschrocken.

Juhasz (nach einem langen Kampfe mit sich selbst, tief aufathmend). Nix für ungut, is schon wieder vorbei; (Nach einer kleinen Pause.) aber Irma, haben Sie auch genau sich Alles überlegt?

Kutsch. Es ist fest beschlossen!

Juhasz (herabgestimmt). Az ördög, ist auch gut, dann reden wir nix weiter darüber, — des Menschen Wille ist sein Himmelreich! (Setzt sich wieder.) Sie erlauben, daß ich behandle anderen Gegenstand! (Alle setzen sich.)

Casimir. Ich sehne mich ohnehin son, daß endlich von mir —

Juhasz. Hát jól van, jetzt kommst Du an die Reih'! (Zu Kutsch.) Der junge Mensch, was da sitzt neben mir, den hab' ich gehoben aus der Taufe. —

Casimir. Ja, ha, ha, ha! Der Herr Baron ist mein Pathe!

Juhasz. Ja, und da hat mich seine Frau Mutter gebeten, daß ich ihm soll verschaffen Anstellung. —

Casimir. Ja, Mama wünscht, daß ich etwas werden soll. —

Juhasz. No hát, is just in Prag erledigt eine Sekretärsstelle beim Telegraf, was hat zu vergeben Ihr Herr Bruder, der Präsident.

Kutsch. Nun, als Vetter können Sie sich leicht an meinen Bruder wenden.

Juhasz. Hab' ich bereits gethan, aber er hat mir gesagt, daß es mit abhängt vom Vorstand hier, ob er bringt Casimir in Vorschlag.

Kutsch. Versuchen Sie es also bei diesem!

Inhasz. Bin auch schon dort gewesen, der aber hat mir gegeben zur Antwort, daß es nicht möglich, weil sein bessere Competenten da und Casimir gar nix hat gelernt. —

Kutsch. Da ist es freilich schwierig.

Inhasz. No hát is wahr, er hat Recht, Bub is Esel. —

Casimir. Aber ich bitte, Herr Pathe, Sie beschimpfen mich ja!

Inhasz. No, bleibt ja unter uns, kriegst ja doch die Stell' — (Zu Kutsch.) No und weil mich hat einmal seine Mutter ersucht —

Casimir. Ja, Mama wünscht es sehr.

Kutsch. So beanspruchen Sie wohl meine Verwendung?

Inhasz. Ja, möcht ich darum höflichst gebeten haben, Frau Cousine. Habe ich da schon Promemoria, wo steht drinn sein Nationale. (Uebergibt ein Schriftstück.)

Kutsch (übernimmt es). Gut, ich werde mich für die Besetzung dieser Stelle interessiren.

Inhasz (ist aufgestanden). No, dann hat er sie schon.

Casimir. Mama wird sie gewiß in ihr Gebet einfließen, oh sie ist auch sehr fromm!

Inhasz. Halgass! Bub' hat auch gehabt so verfehrte Erziehung, wann ich hätt' gewußt, daß wird so dumm, hätt' ich ihn gewiß nicht gehoben aus der Tauf'.

Casimir. Aber Herr Pathe! —

Inhasz. No bleibt ja unter uns, kriegst ja doch die Stelle; (Zu Kutsch.) Also Frau Cousine, nix für ungut, daß wir Sie haben belästigt, komm' Casimir!

Kutsch. Nun leben Sie wohl, Herr Cousin!

Casimir (sich empfehlend). Entschuldigen Sie, gnädige Frau, wenn es unsitlich ist, daß ich mich selbst vorgestellt habe, aber ich stelle mich nochmals unter ihren Sutz!

Inhasz (nochmals vorkommend zu Frau Kutschenreiter). Is mir doch leid, Irma, daß sie wollen in's Kloster, hab' ich mich schon gefreut, daß ich kann gratuliren zu kleine Kindl!

Kutsch. Aber —

Casimir. Ha! ha! ha!

Inhasz (zornig zu Casimir). Also, was hast Du da zu lachen, wenn von kleinen Kindl die Rede ist?

Casimir (geht beschämt in den Hintergrund).

Juhasz (zu Kutsch.). Na is auch gut, wenn Sie sich wollen einmauern lassen, is mir auch recht! Wünsch' ich gute Unterhaltung. (Ab mit Casimir.)

Kutsch. (sich wieder zum Tische setzend). So und jetzt will ich meinen Brief an den Major vollenden! (Schreibt.)

Jeannette (von der Mitte mit zwei Visitkarten). Gnädige Frau, eine Dame und ein Herr bitten vorgelassen zu werden. Sie haben beide mir diese Karten übergeben!

Kutsch (lesend). Marquise de la Vivefière und Abbé St. Rénard — zwei mir ganz unbekannte Namen! — Laß' sie eintreten!

Jeannette. Sehr wohl gnädige Frau! (Mitte ab.)

Kutsch. (wieder schreibend) So bin ich am Schlusse — meine Zukunft ist entschieden! (Faltet den Brief, schließt ihn und läßt ihn auf ihrem Schreibtisch liegen, hierauf drückt sie an der nebenstehenden Glocke und steht auf, die Eintretenden zu empfangen.)

Dritte Scene.

Durch die Mitte **Karoline** als Marquise de la Vivefière, eine fromme Dame, jedoch sehr elegant und mit Koketterie gekleidet, mit ihr **Brüller** als Abbé Rénard, ein ältlicher Herr mit glatt rasirtem Gesichte, gleichfalls sehr elegant, in Schuhen und Strümpfen. — Beide sind sehr agil und in ihrer Ausdrucksweise sehr lebhaft. — Frau **Marie von Kutschenreiter.**

Entrée.

Karoline und Brüller.
A nom de Sainte Madelaine
Nous saluons cette maison;
Ne donnez vous pas de la paine
Nous sommes bonne fille et garçon
(Mit begrüßenden Verbeugungen.)
Salut! Salut! Salut!
Nous venons de la belle France,
Du beau rivage de la Seine.
On personne ni mal dit, ni pense
Des soeurs de Sainte Madelaine.
(Wie früher.)
Salut! Salut! Salut!

Karoline. Excusez, Madame, daß wir maken unsere Entrée in dieser Aus mit einer Chanson, haber es sein dies der Chant sacré unserer frommen Société, l'Association des soeurs de Sainte Madelaine — eine sehr fromme Damen-Verein et moi, j'ai l'honneur de me présenter en qualité de Vice-Présidente de la dite association, — ik sein der Vice-Präsidentin der soeurs de Sainte Madelaine, la Marquise Alphonsine de Vivefière!

Brüller (etwas langsam und geziert sprechend). Et moi je suis le conseiller intime de cette association, die Gewissen-Rad und ik 'aben der Hehre su présenter mes hommages, als l'abbé de St. Rénard.

Kutsch. Ah, ich bin entzückt darüber, so hohen ausgezeichneten Besuch bei mir zu empfangen. (Indem sie ihnen Plätze anweist.)

Karoline. Hunsere présidente Madame la Duchesse de Coeurchaud 'aben gesackt: „Oh chère Marquise — Sie reisen nak Deutschland, nach Hösterreich — alors Sie kommen nach Wien — da vergessen Sie nickt zu maken eine Visite bei Madame de Kutschkenreiter, welche sein eine Dame d'une piété extra-ordinaire." —

Kutsch. Wie, der Ruf meines stillen Wirkens sollte bereits bis Paris gedrungen sein.

Brüller. Ah! Oui, er sein gedrunken!

Karoline. Oui Madame! und wir sein beauftrakt — su präsentir ein kostbares Gesenk von unsere Sociétè et de vous présenter, Madame ce flacon (ihr eine ziemlich große Flasche übergebend). contenant l'eau miraculeuse de Lourdes, — der eiliger Wonderwasser von der Quellen von Lourdes!

Kutsch. Von Lourdes?! Also von jener Gnadenquelle in den Pyrenäen.

Karoline. Oui Madame, in der Berger der Gascogne, was sein der Française Marionzell!

Kutsch. Jesus, Sie sind wirklich zu gütig, wie soll ich Ihnen danken? Aber bitte Platz zu nehmen! (Setzen sich an den Tisch rechts.) Sagen Sie mir, aber entschuldigen Sie die Frage, wirkt dieses Wasser wirklich Wunder?

Karoline. Sie fragen nof? Wenn halle baran klauben, sein das nikt schon der größten Wonder?

Brüller. Ah! Madame! ick sein ein temoin — ein Ueberzeugter! — If aben gesehen, mit dieser meiner zwei Hangen, wie sik aben kewaschen mit der eau miraculeuse einer kanz schwarzer Mohr. —

Kutsch. Und ist er weiß geworden?

Brüller. Nein — aber sehr fromm, il s'est converti, er aben sich verfehrt!

Karoline (verbessernd). Gekehrt!

Kutsch. Ach! bekehrt! — Was Sie sagen!

Karoline. Oh, Madame, ick könnte Sie erzählen Tat und Nakt von der Wonder, aber — hélas! moi et monsieur l'abbé, wir 'aben krosser peine — Mühe — uns zu drucken aus, in der langue allemande — der deutschen Sprafen. Der deutschen Sprafe sein sehr swierig.

Kutsch. (verbessernd). Schwierig.

Karoline. Oh oui! Sehr swierig, wegen der vielen Buchstaben „R" — zum Beispiel, — in dem einzigen Wort: Wie befenden sie sich?

Kutsch. O, ich bitte sprechen wir französisch, ich bin ja in einem Damenstifte aufgewachsen — ich, ich rede zwar nicht so perfekt —

Karoline. Mais Madame! au contraire — wir müssen sprefen der deutschen Sprafen, — um uns zu hüben ein, et je suis enchantée su finden in Sie eine Dame, welche sprefen das Deutsche admirablement — so sön und rein, — wie if nikt aben kehört in der ganzen deutschen Land! N'est ce pas? nit wahr, monsieur l'abbé?

Brüller. Certainement, — dans la bouche de Madame — in Ihrer Mund klingen derarte deutsche Sprafen, wie immlischer Musik!

Kutsch. Allerdings, man hört hier außer meinem Hause wohl nur selten ein so schönes reines Deutsch, weil ich eben strenge nach der Schrift spreche, und von jedem Dialekte mich fern halte; man lernt dies auch nur in meiner Vaterstadt, — ich bin nämlich aus Prag!

Karoline. Aus Prakk?

Brüller. Ah! de Prague?

Kutsch. Ja, aus Prag und dann habe ich überhaupt sehr viel Bildung genossen, oh, man ist nicht umsonst bei den Ursulinerinnen erzogen!

Karoline. Comment, Madame. Sie aben kehabt der Glück, ju werden verfogen in einer frommen Aus?

Kutsch. Ja, sehr fromm, zurückgezogen von der Welt, ganz wie Ihr Verein!

Karoline. Excusez, Madame, der Swester von die sainte Madelaine sein nict gefogen furück von die Welt, au contraire, les soeurs de sainte Madelaine vivent dans le monde — wir leben mit der Welt, um sie ju bessern, wir arrangeons concerts, wo sik producir der größten Artistes, wir geben des grandes soirées, wo man findet der sönsten Männer!

Kutsch. Was, Sie geben Soiréen und laden dazu die schönsten Männer ein? Erlauben Sie aber, wie leicht kann da nicht die Tugend in Gefahr kommen?

Brüller. Oh, Madame, point de vertu, sans épreuves. Was sein einer Tuchend, was könnte nict wiederstehen der Versufung. —

Karoline. Monsieurs l'abbé a raison. Der Tuchend muß man stellen auf der Prob', der echte Diamant bleiben auf in der feu Diamant und nur der imitation gehen darin kaput!

Kutsch. Aber da ist ja Ihr frommer Verein eigentlich eine ganz lustige Gesellschaft?

Karoline. Que voulez-vous, madame, il faut vivre avec la société! Wir thun ja halles für eine gute Swed! Hunser Verein sein festiftet um ju bekehren der Männerwelt. Oui Madame, — Oh Madame wir sein keine Duckmäusel, was verdreh' der Haugen und seufzen und f—töhnen — Non, les soeurs de saint Madelaine bekehr' die Männer durch ihre Hannmuth, sie bekehren durch ihre Reize, sie bekehren durch ihre innocente coquetterie!

Kutsch. Wie durch Kofetterie?!

Karoline. Oui madame, un peu de coquetterie, um ju maken aus der Don Juans hordentliche und brave Ehemänner. — Wir müssen sie suken auf, wo wir sie find' —

und wo können wir sie sind? Dans les théatres, aux amusements, dans les salles de danse, aux bals masqués.

Kutsch. (entsetzt). Wie? Sie gehen zu Masteraben?

Brüller. Et pourquoi pas — für eine fute Zweck?

Kutsch. Das ist Alles recht schön, aber bei uns hier ist dies doch ganz anders! Wir frommen Damen sollen stets fern bleiben den weltlichen Vergnügungen, fern der Männerwelt.

Karoline. Ah quelle erreur, Madame! Comment? Sie wollen leben allein, sik schließen ein in ein cloître, nift 'eirathen?

Kutsch. Nun ich habe meine Bestimmung ja ohnehin schon erfüllt, — ich war schon verheirathet, — leider machte mich mein Mann, der selige Rath, bald zur Wittwe — und wieder zu heirathen, dazu fehlt mir der Muth. —

Karoline. Pas de tout, madame! if 'aben schon dreimal begrab' meine selige Mann!

Kutsch. War er denn scheintodt?

Karoline. O non! — nift denselben, if 'aben immer begrab' eine andere. If will sie erzählen der traurigen Gesiften von meine triple mariage. — Meine erste Mann waren ein Libertin, ein Don Juan, — alle Nakt sein er nift gekommen su 'Aus! Enfin, if 'aben geweint mit die Auf, if 'aben geschumpfen mit die Munden, if 'aben gestrampft mit die Fußen, mais enfin er sein alle Nakt gegangen auf die bals masqués, um su danser mit die grisettes, mit die lorettes, mit die coquettes. — Oh! wie verführ' alle Männer diese Dam' auf die bals masqués — oh sie werden oft sehr gefährlich, diese Demi-monde, nit wahr, monsieur l'abbé?

Brüller. Oh oui! oui! (Sich besinnend.) Mais Marquise, was wissen if von einer Demi-monde!

Karoline. Oh Madame, war Sie schon auf eine bal masqué, — aben Sie schon gesehen le cancan chicandard, la danse furieuse de ces dames la?

Kutsch. Mein Mann ging als Rath nicht auf solche Bälle und bei den Ursulinerinnen hatte ich auch niemals die Gelegenheit.

Karoline. Oh, cest très édifiant, das sein sehr lehr=
reich). Wie wollen Sie fliehen vor den Sünden, wenn Sie
sie nicht kennen. Ah, Madame! ik will Sie gleich zei=' —
venez — kommen Sie, monsieur l'abbé.

Brüller (abwehrend). Oh Marquise. —

Karoline. Es sein ja für die gute Sweck. — Allons,
mon chér ami, Sie muße maken der musique.

Brüller. Wie Sie befehl, Marquise. (Beginnt mit Karoline zu
cancaniren.)

Karoline (während des Tanzes). Er sein in der
entrée nok agréable —
Nun werden er immer mehr débanché —
Nun sein er geworden schon furieux —
Und nun schließ er mit einer tableau vivant!

(Gruppe.)

Kutsch. Ah, das ist ja ein entsetzlicher Tanz!

Brüller. O, eine danse von die diable — von die
Teufel!

Karoline. Und dieser danse aben meine Mann getanzt
— mit einer Lorette und ik — ik aben müssen sufehen. —
Oh wie aben da meiner armen Erz gepompert! (Schlägt hiebei
immer an die Brust in der Herzgegend.)

Kutsch. Bemitleidenswerthe Frau!

Karoline. Oh ik 'aben dok bekehrt meine Mann!

Kutsch. So? Sie haben ihn also bekehrt?

Karoline. Oui madame, ganz bekehrt, ik 'aben nämlik
sogleik arrangé chez nous, in unser Aus, auk ein bal
masqué

Kutsch. (erstaunt). Ah!

Karoline. Ik' aben gelad' alle meine Swestern von die
sainte Madelaine.

Kutsch. Was?

Karoline. Oui, und wir 'aben gemakt tableaux vivants
et après cela grand bal und da aben wir gedanst alle Nakt
den Cancan furieux, was aben so sehr gefallen meine liebe
gute Mann, daß er aben goutirt der Aeusslikkeit, und so
aben wir fort cancanirt, bis ik aben meine brave kute
Mann hinauf gedanst in die liebe Immel (Schluchzt)!

Kutſch. (ſie tröſtend). O beruhigen Sie ſich, meine verehrteſte Frau!

Karoline (indem ſie Brüller die Hand hinhält). Meine einzige Troſt war damals meine liebe Freund, l'ami de la maison, nit war, monsieur l'abbé?

Brüller (hat Jeannette, die ſchon früher mit einer Taſſe, auf der ſich eine Waſſerflaſche und Gläſer befinden, eingetreten, zu ſich gewinkt, liebäugelt mit ihr und während er mit einer Hand Waſſer einſchenkt, ſtreichelt er ihr mit der anderen Hand Wangen und Kinn. Bei den Worten „Nit wahr, Monsieur l'abbé" wendet ſich Karoline nach ihm, bemerkt dies und ſtößt ihn in den Rücken, verweiſend rufend: „Monsieur l'abbé." Brüller ſtolpert durch den Stoß auf Jeannette, daß die Gläſer und Flaſchen zuſammenklingen; er faßt ſich jedoch raſch, ſpricht aber etwas verwirrt und verlegen) Oh, oui, oui es ſein einer (indem er Karoline die Hand küßt) Oh, es ſein einer felicité zu ſein Ihr ami de la maison — Ihren Ausfreund!

Karoline. Mein zweite Mann waren capitaine de cavallerie, welker aben geabt eine grande passion für die Roſſen. If aben wieder geweint mit die Aug', if aben wieder geſchumpfen mit die Munden, if 'aben wieder geſtrampft mit die Fußen, aber meine Mann ſein doch gegangen tous les soirs in die manège von die circus, wo ſpringen die Mademoiselles mit die kurzen Rocken durch die Reif. — Oh, Madame, war Sie ſchon in die Circus, wo ſie renn' mit den Roſſen à toutes brides?

Kutſch. Mein Mann ging als Rath auch nie in den Circus, und bei den Urſulinerinnen hatte ich gleichfalls niemals die Gelegenheit.

Karoline. Donc vous ne l'avez pas vu? Alſo ich will ſie gleich zeig', kommen Sie monsieur l'abbé!

Brüller (abwehrend). O! mais — marquise —

Karoline. Es ſein ja wieder für die gute Zweck! — Allons, mon chère ami, maf Sie die Stallmeiſter! Entrée, großer muſikaliſche Scandal.

Brüller. Wie Sie befehlen Marquise! Alſo Entrée, große muſikaliſche Scandal.

Karoline. Alſo der Mademoiselle ſteige jetzt auf die Roß mit eine Bruttel.

Brüller (verbeſſernd). Brattel?

Kutſch. Ah, Sie meinen vielleicht ein Brettl?

Karoline. Oui madame, eine Brettel und darauf mat sie zuerst eine promenade in die ronde (Ahmt die Reiterin im Circus nach.) peu à peu— da mat die Peitsch' von die Stallmeister —

Brüller (ahmt das Schnalzen der Peitsche nach).

Karoline. Und die Rosse fangen nun an langsam zu lauf' — hopp — hopp — hopp!

Brüller (Unter Nachahmung des Peitschengeknalls).

Karoline. Jetzt laufe die Rosse, laufe nun mit rapidité und der Mademoiselle schreie dazu hopla! hopla! bis sein die Rossen ganz kaput und der Mademoiselle steht auf der Kopfen.

Kutsch. Ah, das muß ja eine förmliche Hetzjagd sein!

Karoline. Oh, und wie if aben müssen sehen, daß mein Mann mat dazu Applaus und ruf' dazu: Bravo! Bravo! wie er dann als galant homme escortir der Mademoiselle in der Manége, ah da aben wieder meiner armer coeur gepompert!

Kutsch. Unglückliche Frau Marquise!

Karoline. Von dieser Moment aben aber if gemat aus meine maison auch einer Circus.

Kutsch. Ah!

Karoline. Und if und alle soeurs de sainte Madelaine sein geritt' mit meine sweite Mann und aben gemat die Purzelbaum in galopp auf die Rosser!

Kutsch. Was, Sie alle sind auf Pferden geritten?

Karoline. Bis mein liebe Mann einmal herunterfall von die Rosser und aben sich gebrochen, die Genuck. —

Brüller (verbessernd). Genack!

Kutsch. Ah! Sie wollen sagen, das Genick!

Karoline. Oui madame, das Genick (schluchzend). So is denn auch der capitaine du cavallerie hinauf galoppir zu meine erste Mann in die liebe Immel.

Kutsch. Nun, er hat's ja überstanden.

Karoline (indem sie Brüller wieder die Hand reicht). Und wieder war mein einziger Trost mein lieber Freund, l'ami de la maison, nit wahr, monsieur l'abbé?

Brüller (wieder Karolinens Hand küssend und sie an sich ziehend). Oh, wein Sie sif nur aus an die Bus' von Ihre treue ami de la maison. (Trocknet sich die Thränen.)

Karoline. Meine dritte mari, der waren eine Flaneur in der Cafés chantants, er waren einer adorateur von der Tingl-Tangl, — wissen Sie Madame was sein das für amusements?

Kutsch. Mein Mann besuchte als Rath niemals Cafés chantants und bei den Ursulinerinnen ergab sich auch niemals Gelegenheit zum Tingl-Tangl.

Karoline. Oh, in den Cafés chantants, da sein immer sehr gemischte Société was sie rauch die Tabak wie die Turcs, da treten auf eine Dam von die Tingl-Tangl in die tricot, — maf' sie comme ci, comme ça und sing dabei chansonettes. — Oh Madame, was aben da müssen ören meine keuschen Ohren, und wie ick aben erst gesehen, daß meine Mann sein enchanté von dieser chanteuse, daß er drucken seine lévres auf ihr Hand, ach! wie aben meiner armen coeur gepompert.

Kutsch. Ihre Schicksale, Frau Marquise, sind wirklich ergreifend!

Brüller. Oui madame! dieser Schmerz er sein pyramidal, das alten keine Weib aus, wie diese gute Marquise.

Karoline. Aber ik aben jetzt nit mehr geweint mit die Aug', ick aben nit mehr geschumpfen mit die Munden, ick aben nit mehr gestampft mit die Fußen —

Kutsch. Was haben Sie denn gethan?

Karoline. Ich sein gegang mit Resignation zu meinen soeurs de sainte Madelaine und ab mick mit sie consultée.

Kutsch. Nun?

Karoline. Ick ab dann geruf meine liebe monsieur l'abbé, er ab mit mir gelernt mit große Eimlichkeit, bis ick auf aben gekannt alle diese Chansonetten.

Kutsch. Wie? Sie haben die Lieder auswendig gelernt?

Karoline. Oui, ick aben gemakt aus meine maison einen Tingl-Tangl — aber für die gute Swed, nit wahr, monsieur l'abbé?

Brüller (in gehobener Stimmung). Oui, madame, ein Tingl-Tangl für die kute Swed!

Karoline. So aben wir studiren die größte diligence und wie sein dann einmal meiner Mann gekommen zu mir, da aben ick angefang zu sing. (Singt folgende Chansonette.)

Il est entré dans ma chambre
Helas! O Pierette!
Je crie: Oh! que veux tu donc
Ici dans ma chambrette?
Le monstre n'a entendu.
Moi, comme la haste Lucréce,
Pour mieux protéger mon faible
Un poignard à la main
Mais il n'y, n'y
N'y pensais, qu'au lendemain
Aia! Oi, o la belle nuit!
(gesprochen:) Ah l'amour, la donc amour
(gesungen:) Troulala
Le baiser, il est si bon!
Troulala
Le plaisir jusque au fond!
Troulala
La vertu? A sapristi!
Moi, comme la haste Lucréce, hatschi!
Bon ami!

Brüller (macht hiezu die betreffenden Gesten).

Kutsch. Ah, das hört sich ja ganz hübsch an und was hat denn der Herr Gemal dazu gesagt?

Karoline. Er aben dazu gesagt gar nix, weil ihm vor die großen Freud getroff die Schlag und er is gefall hin, wie die Plumpsack, mausetobt! pauvre chéri.

Kutsch. Ah!?

Karoline. So aben ick meiner britte Mann mit die Chansonette gesung zu meine erste und zweite Mari hinauf in die liebe Immel, und so blick sie nun alle Drei herab aus die Wolk auf die arme Marquise, was sind ihre einzige Trost in die liebe Freund l'ami de la maison, nit wahr, monsieur l'abbé!?

Brüller (gerührt). Marquise, votre ami jusque à la mort.

Karoline. Seh Sie Madame de Kutschkenreiter, so ab ick bekehr drei maris, indem ich sie abe gewonnen für die Aeuslitkeit, was sein einer kroßen Triumf von den soeurs de sainte Madelaine!

Kutsch. Ich muß gestehen, Frau Marquise, — Ihr Verein ist echt französisch, er hat eine gewisse Pikanterie, sie curieren die Laster eigentlich auf homöopathischem Wege.

Karoline. Oui, madame, die Gift mit die Gift. —

Kutsch. Und wenn ich nicht die Absicht hätte, in das Kloster zu gehen —

Karoline. Wie, Sie wollen sich begrab in die Einsamkeit mit Ihre Reiz. — Sie woll sik verhüll in die habit von die cloître, wo Sie sein so wunderbar gewichsen.

Brüller (verbessernd). Gewuchsen.

Kutsch. Ah, Sie meinen wohl gewachsen?

Karoline. Oui, Madame, gewachsen! Sie maken viel éclat durch Ihre Wachs.

Brüller (verbessernd). Wichs!

Kutsch. Wuchs!

Karoline. Pardon, — ja durch Ihre Wuchs —

Kutsch. Sie glauben also, daß ich noch Ansprüche auf das Leben hätte? —

Karoline. Sie können noch frag, — und das Leben, es sein ja so schön, daß es sein Sünd, sik nit daran zu erfreuen.

Kutsch. Wie? ich sollte wirklich —

Karoline. Sie müssen entrer zu unsern Club! Monsieur l'Abbé! ruf Sie unsern secretaire.

Brüller. Dans le moment, Marquise! (Mitte ab.)

Karoline. Sie erlaub, daß ik presentir eine junge Mann, was sein der deutsen Correspondent von die soeurs de Sainte Madelaine, was sprefen die Spraken von die lebendigen, wie von die todte, er sein einer jungen homm d'un grand mérite, was wird maken durch sein esprit noch einer großen carrière, er wird uns begleit nach die Land von die Hußit, von die Böhmen.

Kutsch. Ah, Sie reisen also erst nach meiner lieben Heimat?

Karoline. Oui, madame, nach die Prag um zu creier dort auc einer société von die soeurs de sainte Madelaine, und if sufen dort nur nof für die junge Mann eine place, einer Amt, wo er Einfluß hat auf die cercles, wo er mak des connections für die gute Zweck der soeurs de sainte Madelaine.

Kutsch (bei Seite). Jener Posten wäre frei, ich habe zwar meinem Vetter schon halb und halb zugesagt, — aber es fände sich für Jenen vielleicht ein Anderer. —

Vierte Scene.
Vorige. Brüller und Rudolf von der Mitte.

Karoline. Ah, da sein ja unser lieber jeune ami.

Brüller. Madame de Kutschenreiter, if aben die Ehre zu präsentir die monsieur Rudolphe Kern, correspondant von die soeurs de la Madelaine.

Karoline. Nu mak Sie Ihre hartige Compliment, mein junge Freund!

Rudolf. Gnädige Frau, ich bin glücklich, daß ich die Ehre habe, Ihnen vorgestellt zu werden. (Küßt ihre Hand.)

Kutsch. (bei Seite). Der junge Mann gefällt mir. (Laut.) Sie sind also auch der böhmischen Sprache mächtig?

Rudolf. O milost pani! ja mluvim vibornje tcesky!
Kutsch. A to miè tjessi welice!
Brüller. Ah, — er parler français.
Karoline. Und Sie würden gerne eine Stellung in Prag annehmen?
Rudolf. Gewiß, mit Freuden!

Karoline. Oh, er sein enchanté zu wirk für die gute Zweck von die soeurs de sainte Madelaine, er aben ja auk einer amante, was soll er maken zu seiner epouse, oh wir kennen sie, sie sein eine reizende Mademoiselle, nit wahr, Monsieur l'abbé!

Brüller (indem er Karoline die Hand küßt). Sie sein ja einer portrait von Ihre jeunesse!

Karoline. Oh, Madame,! l'amour er sein ja so süß — Oh, Sie 'aben gewiß auf einer coeur, was Ihnen slafen entgegen. Sie aben gewiß einer adorateur, was Sie können noch mak heureux mit diese kleine Hand!

Kutsch. Allerdings hätte ich einen Bewerber!

Karoline. Eh bien, so, greif Sie zu, Sie genießt ja in zwei die Glück au double, nit wahr, Monsieur l'abbé?

Brüller. Oui, madame, die Glück sie alten länger, wenn sie sein gedoppelt.

Fünfte Scene.

Von der Mitte *Jeannette*; hierauf von eben dort Major **Mannstein**.

Jeanette. Gnädige Frau, der Herr Major Mannstein — soll ich diesen Brief? (Hat selben vom Tisch genommen.)

Karoline (rasch dazwischen tretend). Oh, das sein indubitablement Ihrer adorateur?! Sie sweifen? — Madame, if weißen Alles! (Geht zur Mittelthüre und öffnet selbe.) Entrez, Monsieur, entrez!

Major (bleibt in der Mittelthüre stehen und verbeugt sich allerseits).

Karoline (indem sie den Major tolett belorgnettirt). Ah, er sein ein sehr schöner Mann!

Brüller (eifersüchtig). Marquise!

Karoline. Es sein ja für die gute Sweck! (Tritt zum Major, ergreift dessen Hand und führt ihn in den Vordergrund vor Kutschenreiter.)

Kutsch. Was thun Sie, Frau Marquise?

Karoline (feierlich). If thuen, was if alten für meiner Pflicht als soeur de sainte Madelaine! — Wollen Sie nun geb Ihre kleine Hand dieser Monsieur, was steht geschrieb in seine Aug, „Le t'aime de tout mon coeur!"

Major. Marie!

Kutsch. (hat den Brief aus der Hand Jeannetten's genommen, zerreißt denselben nach kurzem innerem Kampfe und giebt hierauf mit herzlichen Blick dem Major schweigend die Hand).

Major (indem er ihre Hand küßt, mit voller Innigkeit). O, wie unendlich glücklich machen Sie mich!

Jeannette (drückt ihre Verwunderung aus).

Kutsch. Herr Rudolf Kern, Sie sollen diese Stelle haben.

Rudolf (indem er Kutschenreiter's Hand küßt). Gnädige Frau, wie soll ich Ihnen danken!

Karoline (Kutschenreiter umarmend). Madame de Kutsfenreiter, laß Sie umarnen sif als ein Juwel von die soeurs de sainte

Madelaine und merk Sie gut auf, was sein die statuts société des femmes! (Singt.)

  Der Schwestern von die sainte Madelaine
  Die maken Alles wunderschön,
  Sie dreh' die Aug so ganz kokett,
  Tanz die Cancan, wie die Lorett',
  Sie sing im café chantant,
  Sie arrangir tableaux vivants,
  Sie zeig die Wuchs auf in tricot
  Und mak, comme ci, comme ça — a so
  Et tout cela se fait
  Pour l'amour, pour l'amour de Dieu
  Et toujours avec, avec, avec,
  Avec die gute Zweck — avec die gute Zweck!

Brüller und Karoline.
  Et tout cela se fait
  Pour l'amour — pour l'amour de Dieu.

Karoline.
  Et toujour avec, avec, avec,
  Avec die kute Zweck, avec die kute Zweck!

Tableaux.

Ende des zweiten Actes.

Dritter Act.

„Der Balletmeister und seine Nichte."

Personen:

Graf Albert Sternheim.
Baron Istvan Juhasz.
Casimir von Wasserkopf.
Saltarelli, Balletmeister.
Sennora Agazina, Tänzerin, dessen Nichte.

Rudolf Kern.
François, Kammerdiener
Nicolas, Leibjäger
Joachim
Maurice } Diener
George

beim Grafen Sternheim.

Ein sehr vornehm ausgestattetes Arbeitszimmer des Grafen von Sternheim. Den rechten Winkel des Zimmers durchschneidet ein großer Bogen, welcher mit schließbaren schweren Zugvorhängen versehen ist, die bei Beginn der Scene geöffnet sind und den Einblick in das Vorzimmer, wie in das Treppenhaus bieten. Dieser wird als Ein- und Ausgang benützt. In der Mitte des Zimmers ein, durch die Vorhänge jedoch vorläufig geschlossener, Bogen. Rechts und links je eine Seitenthür. Im Vordergrund auf der rechten Seite steht, mit der Rückwand knapp an der Vordercoulisse, ein Schreibtisch; an diesem gegen das Publikum zu ein Papierkorb. Im Vordergrunde auf der linken Seite ein Kamin, nächst diesem ein kleines Tischchen mit Divan u. s. w.

Erste Scene.

Die Diener **George** und **Maurice**, dann der Leibjäger **Nicolas** durch den rechten Bogen, hierauf von der linken Seitenthür der Diener **Joachim** mit Frühstückstasse, alle in sehr reicher Livrée; sodann gleichfalls von der linken Seitenthür der Kammerdiener **François** im schwarzen Frack mit weißer Cravatte.

George. Der Herr Graf ist heut' wieder lang nicht sichtbar!

Maurice. Is auch erst um vier Uhr Früh aus dem Adelscasino nach Haus kommen.

Joachim. So, das Frühstück ist auch vorüber. (Rechts ab.)
George. Endlich!
Nicolas (ohne Federhut und Hirschfänger, trägt Briefe).
Maurice. Schon zurück von der Post, Herr Nicolas?!
Nicolas. Wie Sie sehen! (Legt selbe auf den Schreibtisch.)
George (schlau zu Maurice). Aha, da sein schon wieder so gewisse rosenfarbene poste-restante-Brieferln dabei, die so gut riechen — wir kennen das!
Maurice (ebenso zu George). Mein Gott, das Herz bleibt halt ewig jung!
George. Ah! der Herr Kammerdiener!
François (ist herausgetreten und weist nach der rechten Seite). Der Herr Graf wird sogleich erscheinen!
Maurice (nimmt die Journale vom Schreibtisch und geht links ab).
François. Sie sollen warten, lieber Nicolas!

Zweite Scene.

Von der linken Seite **Graf Albert Sternheim, Maurice** ist vor ihm herausgetreten und hat ihm die Thür ehrfurchtsvoll geöffnet. **Vorige.**

Graf (ein feiner Aristokrat in den höheren Fünfzigern, mit einer mühselig halbverdeckten Glatze, sein Aeußeres bekundet die größte Sorgfalt, noch möglichst jung zu erscheinen, er ist gegenwärtig in eleganter Morgentoilette. Beim Auftreten liest er auf der Rückseite eines Wiener Journals): Struensee — nichts! — die Räuber — nichts! — — Satanella — Ah — ein Ballet! — (Zu François.) Schicken Sie in die Oper um eine Loge, Sie wissen, jene nächst der Bühne!

François. Ganz wohl, Excellenz!

Graf. Ist mein Sohn schon aufgestanden?

François. Ja, Excellenz, der junge Herr Graf ist eben in der Reitschule.

Graf. Gut — Sie können ihm dann die Nummer der Loge sagen; wenn er will, mag er kommen. (Hat die Zeitungen auf den Secretär gelegt und nimmt von dort eine Notiztafel.) Was giebt es heute? (Lesend.) Ah, Auffahrt bei dem Prinzen von Marocco! (Zu Nicolas.) Punkt zwei Uhr den Wagen!

Nicolas. Zu Befehl, Excellenz! (Im Hintergrunde rechts ab.)

Graf (winkt allen abzugehen; zum Kammerdiener). François, bleiben Sie!

Maurice (rechts ab wie die Vorigen).

George (ist stehen geblieben).

Graf (hat sich zum Schreibtisch gesetzt). Was willst Du noch, George?!

George. Excellenz, ein Herr in ungarischer Tracht war schon zweimal da und wollte vorgelassen werden, mit ihm kam auch ein junger Mann.

Graf. Ihre Karten?!

George. Sie gaben mir keine; der ältere Herr sagt, er heiße Baron Stefan Juhasz.

Graf. Ah, mein Vetter hier? — Gut, wenn sie kommen, laß sie eintreten!

George. Zu Befehl, Excellenz! (Rechte Seite ab.)

Graf (hat die Briefe erbrochen, durchfliegt selbe und wirft dann die einzelnen in den Papierkorb). Nichts als Betteleien! (Hat einen rosenfarbigen Brief genommen.) Ah, von Finette! (Lesend, dann zu François.) François, gehen Sie zu meinem Juwelier und wählen Sie ein hübsches Armband aus.

François. Wie theuer darf es sein, Excellenz?

Graf. Nun, sagen wir beiläufig hundert Gulden, (weiterlesend, für sich geschmeichelt.) "wie sollte Ihnen, theuerster Graf, mein Herz nicht in Liebe entgegenschlagen? Ihre so ritterliche Gestalt, Ihr immer so jugendliches Aeußeres!" (Zu François sich wendend.) Sie können auch den doppelten Preis dafür geben, — ja auch mehr, Sie verstehen mich, François?

François. Ganz wohl. Befehlen Excellenz sonst noch Etwas?

Graf. Nein, Sie können gehen!

François (rechte Seite ab, indem er den eben Eintretenden Platz macht).

Dritte Scene.

Von rechts im Hintergrund **Baron Istvan Juhasz** mit **Casimir**. — **Graf Albert Sternheim**.

Juhasz (im Eintreten). So komm' nur Casimir, geschieht Dir nix! (Er sieht den Grafen.) Ah, da is ja mein lieber Vetter!

Graf (ist aufgestanden und Juhasz entgegengetreten). Ah, Stefan!

Juhasz (ihn herzlich derb umarmend). Nu servus amice! freut mich, Dich nach so langer Zeit wieder zu umarmen!

Graf (sich loswindend). Du erdrückst mich ja! (Glättet sich sein Jabot).

Juhasz. Na, werden ja jetzt wohl schon sein zehn Jahre, daß wir uns nicht haben gesehen.

Graf. Und was führt Dich eigentlich hierher? (Bietet Juhasz einen Platz an und setzt sich neben ihm.)

Juhasz. Also, daß ich Dir sag' lieber Vetter, hab' ich hergebracht mein Pathenkind, diesen Buben.

Casimir (beleidigt). Ich bitte, Herr Pathe, ich bin kein Bube mehr!

Juhasz. Bist doch kein Madel.

Graf (ladet mit einer Handbewegung zum Niedersetzen ein). Ich bitte.

Casimir (will feierlich beginnen). Excellenz —

Juhasz. Laß mich reden. Weißt, amice! hab' schon einmal begangen die Dummheit und ihn gehoben aus der Tauf' so hab' ich mir vorgenommen, ihn weiters zu versorgen.

Graf. Ach, du willst also wohl Deinen Schützling jetzt unterbringen!

Juhasz. Hast errathen! Hab' ich schon alles Mögliche versucht mit ihm; aber er is zu Allem zu begriffsstützig — geht nicht!

Casimir. Aber Herr Pathe —

Juhasz. Red' mir nicht drein. — No, und weil er is zu gar nichts zu gebrauchen, hab' ich mir gedacht, es wird sein am besten, wenn ich ihn bring unter in Staatsdienst.

Graf. Du scheinst wohl zu glauben, daß der Staat eine Versorgungsanstalt für Schwachköpfe sei?

Casimir. Excellenz —

Juhasz. Halt Maul! No hát, mein' ich nur, wenn er auch nicht genügt, daß wird schon Anderer machen für ihn Arbeit, Hauptsach' is nur, daß Casimir einmal hat Stellung und Gehalt!

Graf. Was sollte ich hiezu thun können, ich weiß keine leeren Stellen. —

Juhasz. Weiß ich eine Sekretärsstelle beim Telegraf in Prag, wo ist er d'rum eingeschritten, — Präsident Batschi hab' ich schon gesprochen, und Irma Neni hat mir auch zugesagt ihre Verwendung, so wirst Du mir als Batschi, und alter Freund auch nicht abschlagen wenn ich auch bei Dir ergebenst petitionire!

Graf. Also, die Stelle ist in Prag, sagst Du?

Juhasz. Ja Bruderherz!

Casimir. Excellenz, es wäre frecklich, wenn ich so ohne Hoffnung von hier scheiden müßte.

Graf. Nun, ich werde sehen, was sich in der Sache thun läßt! (Ist aufgestanden und sieht auf die Uhr.)

Juhasz (aufstehend, indem er des Grafen Hand erfaßt). No hat, da hast Du also auch von ihm Promemoria, hab' ich ja gewußt, daß Du wirst mein Anliegen nicht zurückweisen. (Gibt ihm ein Papier.)

Graf. Nun, ich werde mich genau informiren! (Sieht wieder auf die Uhr.) Du entschuldigst mich — bringende Geschäfte.

Casimir. Excellenz ich ersterbe in steter Hochsätzung, und zähle dankfulbigst diese Stunde zu den sönsten meines Lebens.

Juhasz (dem Grafen die Hand schüttelnd). No also servus! amice! Laß dich nicht abhalten, und komm ich wieder her, bring ich Dir für Casimir größtes Schaf, was hab' ich in ganzer Wirthschaft von Kakos-Vásárhély!

(Graf linke Seitenthür ab.)

Vierte Scene.

Juhasz, Casimir.

Casimir. Nein Pathe, es ist sauderhaft, überall die Blamase!

Juhasz (im Abgehen). Mach' Dir nix d'raus, kriegst ja doch die Stell! — Komm Casimir! will ich Dir zeigen Garten vom Vetter! (Beide im Hintergrund rechts ab).

Fünfte Scene.

Aus dem rechten Hintergrund Karoline als Sennora Agazina di Saragossa im Costüme einer spanischen Tänzerin, und mit ihr Brüller als Balletmeister Saltarelli in gleicher Tracht mit einer Mandoline; er hat die Maske des Lablache als Figaro mit dickem Bauch, schwarzem, buschigem Kopfhaare und gleichem Backenbarte; bei beiden ist diese Verkleidung durch lange Menczikoffs vollkommen verdeckt. Mit ihnen tritt François ein.

Brüller (im Eintreten immer mit Lebendigkeit und großer Zungenfertigkeit). Si! si! sono aspettato — ich werden erwartet (zu Karoline.) Entra carissima! senza paura!

François. Sie behaupten also, daß Sie hier erwartet werden.

Brüller. Si, Signor mio — Ihre Padrone warten gewiß schon auf uns mit große Ungeduldigkeit! Wir seine bestellt zum Signore (Undeutlich.) Fotografen (so daß Foto= murmelnd: vostro Grafen verklingt, und nur das Wort „Grafen" deutlich hörbar wird.)

François (bei Seite). Bestellt?! zu unserm Grafen! (Laut.) Ja, wen soll ich denn eigentlich melden?

Brüller. Lei dica al Padrone — es seinsen gekommen den bewußten Err mit der Sennora Agazina di Saragossa, was sein worden bestellen von der Padrone à questa ora!

François (bei Seite). Oh, also wahrscheinlich wieder eine aventure amoureuse des Herrn Grafen! (Laut.) Warten Sie hier! (Geht linke Seitenthüre ab.)

Brüller (nun wieder in seinem natürlichen Tone). Herin wären wir also!

Karoline. Wenn nur der coup gelingt, daß der Graf nicht Verdacht schöpft!

Brüller. Deßhalb hab' ich ja, um ganz sicher zu gehen, die Bildertafel des Fotographen vom Gartenhause nebenan an die gräfliche Thüre gehängt, und so ist also unser scheinbarer Irrthum vollkommen gerechtfertigt.

Karoline. Jetzt gilt es, den Grafen mit allen Netzen der Coquetterie zu umgarnen!

Brüller. Ah, man kommt!

Sechste Scene.

Von links Graf **Sternheim**; er trägt nur ein weißes Beinkleid mit einer Goldborte und einen schwarzen, ziemlich langen geschlossenen Gehrock, welcher mit Ordensbändern geschmückt ist. — Mit ihm tritt **François** heraus, der sich im Hintergrunde erwartend postirt. — Später **George**.

Graf (im Heraustreten Karoline und Brüller musternd, verwundert zu François). Zwei mir ganz fremde Menschen!

Brüller (ist rasch vorgetreten, mit großer Vertraulichkeit). Ah! Signore! La riverisco divotamente. — Umilissimo servitore di lei, Godo di vederla con quella buona cera. — Siamo venuti appunto. Ma adesso maken Sie Keswindigkeit, perche non abbiamo molto tempo! Wir aben weniger Seit!

Karoline (führt nun ihre ganze Rolle in beschränkter Naivetät durch). Ja, beeilen Sie sich, wir sind sehr pressirt!

Graf. Wer sind Sie denn, ich kenne Sie ja gar nicht.

Brüller (mit möglichster Raschheit der Sprechweise). Come? Sie kennen nit mik, — Giuseppe Giovanni Paolo Giulio Dominico Ambrogio Saltarrelli, primo maestro di ballo di Sua Altezza, il principe di Monaco, rinomatissimo coreographo di cartello, was aben verfassen und arrangiren allen großen Ballo's serio e comico for die Stagione di carnevale in der gran Teatro della Fenice in Venezia in der Pergola in Firenze, nell' teatro Argentina a Roma e San Carlo a Napoli, — was aben geabt der gran onore fu producir sik vor alle Majestäten von ganze Europa mit die größte Successo, — nikt nur als Compositore, sondern auk als erste Tanzkünstler, primo ballerino assoluto, was übertreffen alle Heroën der Tanzkunst, sowie hier seine berühmte Nifte, Ballerina rinomatissima Sennora Agazina di Saragossa, wo sein der ersten Tanzerin der ganzen Welt, was springen der El Ole wie der Madrilena wie der Sennora Pepita! — io lo dico con tutta la modestia possibile!

Graf. Ja, aber was führt sie denn hierher?

Karoline. Ach, fragen Sie doch nicht so lange, wir müssen ja wieder in unsere Tanzstunde! — Gehen Sie lieber an ihre Arbeit! — Onkel! legen wir die Mäntel ab! (Beide legen ihre Mäntel ab.)

Graf (von Karolinen's Aeußerem überrascht). Das ist ja eine reizende Erscheinung!

Brüller. Das sein unsere Costüme in dem grand pas de Deux espagnol in meine letzte große Ballet „Il spazzacamino inamorato nell' inferno" in welfem wir aben gemafen alla fiera di Sinigaglia einen folfen furore, daß fwei und fwanfig Damen sein feworden honmäftig und ein und dreißig eine halbe 'Erren ganz verruckt — Si! si! si! sono devenuti pazzi — i poveri!

Graf. Ja, ja! aber ich verstehe noch immer nicht; was Sie eigentlich bei mir wollen?!

Karoline. Was wir da wollen! Ah das ist sehr gut, ha, ha, ha! ist dieser Herr bornirt!

Graf (entrüstet). Ah!

Brüller. Che volemo?! — Aben Sie nift geschicken der Theaterdiener, daß sollen wir kommen hier? — Was wollen wir?! Cospetto di Bacco, niente altro — als uns laffen fitograforen — fotografiren, vuol dir!

Graf (beleidigt). Fotografiren bei mir? — Sie erlauben sich wohl einen schlechten Scherz?!

François (vortretend). Ah, wahrscheinlich nur ein Irrthum; allerdings ist ein Fotograf hier; doch im Gartenpavillon des Nebentraktes!

Karoline (zu François). Reden Sie nichts darein, hängt denn nicht an Ihrer Thür draußen eine Bildertafel?

Graf. Bei mir?! — François, sehen Sie sogleich nach!

François (rasch in den rechten Hintergrund ab).

Karoline. Ha, ha, ha, er will leugnen, daß er Fotograf ist, oh, ich weiß doch, daß Sie einer sind!

Graf. Sie wissen es?

Karoline. Ja. Der Onkel sagt, jeder Fotograf muß eine Platte haben, nun (auf des Grafen dünnen Haarwuchs deutend) Ha, ha, ha! Sie haben ja eine Platte!

Graf (höchst entrüstet). Ah, das ist zu stark!

Brüller (verweisend zu Karoline). Ma cara nipote! questo non se dice! — Das schicken sich nict — carissima! (Zum Grafen.) Scusi Signore — der arme Kind, meine Nichte, sein nof ganz unfulbig — ganz unverdorben, sie plappern Alles heraus, was ihr kommen in die Munden.

Karoline (indem sie den Grafen kokett ansieht.) Habe ich etwas Dummes gesagt?

Graf (dessen Miene sich bei ihrem Anblicke wieder verklärt, bei Seite). Sie ist himmlisch. —

(François und George treten ein; letzterer trägt eine große Fotografie-Bilder-Aushängetafel.)

François. Es ist richtig so, diese Tafel war an jener Thüre!

Karoline. Ja, ja, diese ist es schon!

Graf. Welche Niederträchtigkeit! (Zu den Beiden). Sie sind also das Opfer eines muthwilligen Streiches! (Strenge.) François, schärfen Sie meinen Leuten mehr Achtsamkeit ein?

François (gleichfalls strenge). Hören Sie, George, Seine Excellenz sind sehr ungehalten!

George (sich verbeugend, mit der Tafel wieder im Hintergrunde rechts ab).

Brüller. Come? Una Eccellenza?! — Einer wirklicher lebendiger Eccellenza?! —oh! Illustrissimo! —

François. Ja, Seine Excellenz, Herr Graf v. Sternheim.

Brüller (sehr unterwürfig). Un Signor Conte! Una Eccellenza! Oh mille scusi!

Karoline. Ah, ein Excellenzgraf! — Onkel! Ist das wohl mehr als ein Fotograf?

Brüller. Scusi Eccellenza — der Kind verstehen nof gar nifs. — La Povera è innocente com' un' agnello. — Andaremo via! Wir wollen nift länger belästigen. Servo umilissimo di Lei, Signor Conto, la prego d'accetar' i miei rispetti, — alla tutta di Lei cara famiglia. — Vieni carissima, vieni, vieni! (Giebt Karolinen ihren Mantel.)

Karoline. Ja, gehen wir!

Graf (bei Seite). Sie ist wundervoll! (Hindert sie ihren Mantel umzunehmen.) Bleiben Sie noch und erlauben Sie mir, daß ich Ihnen eine kleine Erfrischung anbiete!

Brüller. Come?! Eccellenza vuol permetter? È troppo buono. — Me ne rallegro infinitamente, ma non s'incommoda, lo prego. — Einer kleiner Erfrischung wir nehmen an. — Accettamo con piacere l'offerta.

Graf. François, lassen Sie im blauen Zimmer decken!

François. Sogleich, Excellenz! (In den Hintergrund rechts ab — im Laufe des Weiteren tragen Diener Speisen und Weinflaschen in das rechte Seitenzimmer.)

Karoline. Aber ich will nicht hier bleiben!

Brüller. Ah scusi Eccellenza, der povera bambina sein nof ganz unsulbig — Carissima Agazina — eine Frühstucken mutzen man niemals refusir. Una colazione è sempre ben venuta.

Graf (zu Karoline zärtlich). Gefällt es Ihnen denn nicht bei mir?

Karoline. O ja, es ist hier sehr schön!

Brüller (um sich blickend). Sön? Sön? È magnifico, amirabile, bellissimo! Quel appartemento mi ricorda il Palazzo di sua Altezza, il principe di Monaco?

Graf. Ist die Kleine auch eine Italienerin? —

Brüller. Oh, meine Nifte sein un poco di tutto — sie sein von einer sehr gemuschenen Nationalité, die Blut von die padre, sein kewesen italiano, come io, und der madre sein kewesen eine Spagnuola, und der Kind hier sein geboren auf die Meer und wachsen auf in die Deutschland. Cara mia Agazina sein der einzigen Tofter von meine drei Bruder.

Graf. Wie, eine Tochter von drei Brüdern?

Brüller. Ma — volo spiegar — If aben geaben drei Bruder, zwei davon seinsen festorben, gleif vor der Keburt, und den dritten Bruder aben geboren diesen Tofter, — questa bambina — sie sein also der einzige Toftor von meiner drei Bruder! È la mia cara nipote — io sono il zio.

Graf (lachend). Sie haben eine merkwürdige Logif!

Brüller. Ma il povero — der dritten Bruder sein auch gestorben, und auf seine todte Bett sull' letto di morte —

Karoline (fängt an zu schluchzen).

Brüller (fortfahrend). — er aben mir übergeben seine Tofter, welche war damals piccolissima — (Zeigt es.) so klein — un fanciullo und il povero mio fratella sagen zu mir auf die todte Bett: Caro mio Guiseppe Giovanni Paolo Giuglio Dominico Ambrogio — hier aben du cara mia Agazina, guarda le benone, seinsen du nun ihre zweite Vater und wafe über ihre Unschuld und Tugend! — dann ist er gestorben! Ma l'ho giurato (indem er die Hand zum Schwure emporhebt) if aben gefwuren fu wafen über ihre Unfchuld wie über die meinige! Und wann kommen flekter Kerl, und wollen rauben die Ehre von mia Agazina, per dio! if maken ihn kalt (fährt wild auf, der Graf taumelt erschreckt zurück.)

Karoline (fällt Brüller um den Hals). O, Du guter Onkel!

François (ein- und vortretend). Es ist fervirt!

Graf. François, haben Sie für italienische Weine geforgt — diefer Herr ift Kenner!

François. Ja wohl, Excellenz!

Brüller. Oh si! Ich trunken allen Weinen — aber der liebfte bleiben mir immer der Sciampagna!

Graf. Alfo François, Champagner! veuve Cliqot für den Herrn. Wenn es alfo gefällig? (Nach der erften Seitenthür weifend.)

Brüller. Sono pronto — Signor Conte! mille grazie. (Winkt Karolinen mitzukommen.) Vieni cara!

Karoline. Ich habe keinen Hunger!

Brüller. Aber ick haben Durst — viel Durst! Vieni! Vieni!

Karoline. Gehen Sie nur, Onkel, ich will mir noch all' die schönen Sachen hier anfehen!

Graf. (bei Seite). Mit ihr allein, defto beffer! (Laut.) Nun ich werde dem Fräulein indeß Gefellfchaft leiften!

Brüller. Come? La piccola ick follen laffen sola — allein mit Sie! wo if aben meine, Bruder auf der letto di morte — die todte Bett kefworen fu wafen über ihre Unfchuld, wie über die meinige!

Graf. Wir folgen ja fogleich! — Sie fagen uns dann Ihr Urtheil über den Champagner!

Brüller. Oh Eccellenza! Der Sciampagna feinfen meiner fwacken Seiten. — Lei ha ragione! Ick werden koften den Sciampagna. — Wie der Wein, fo der Err! Sein der Sciampagna eckt und gut, fo können auck Sie nit fein, einer flechten Kerl! das fagen fchon ein altes Lied aus meiner fweiten fpanifchen Vaterlande.

> Todos me dicen mi
> La niesma la sa
> Que estan queriendo
> Con tutto ardor

Pero yo veo
Con grande pesar
Que todo esquasa
Music celestial
Ah!
Bascio, que ye te yuro
Amor e fé tu trabucos
Ca vamos, cravatto Espagnol
Hudri, wudri, t'schuri bum.
Ah!
(Che, chin chan) Ah!
(Ab.)

Graf (hat François etwas zugeflüstert. François verbeugt sich und giebt Aufträge. Maurice, Joachim folgen Brüller. — François ab im Hintergrunde rechts)

Achte Scene.

Graf Sternheim. Karoline.

Karoline (besieht die verschiedenen Bilder an der Wand).

Graf (Karoline betrachtend für sich in Entzücken). Ein superbes Mädchen! (Laut.) Dieser Herr ist also Ihr Onkel?

Karoline. Ja.

Graf. Ihr wirklicher Onkel!

Karoline (in albern naiver Weise). Ja, giebt es denn auch Andere?

Graf. Und er hat Sie wohl zum Theater gegeben?

Karoline. Ja, um wie er sagt, meine Tugend besser hüten zu können.

Graf (gedehnt). So? (Bei Seite.) Ein wenig beschränkt aber höchst niedlich (indem er einen Teller mit Backwerk und einer Caraffe nebst einem Gläschen, welch letzteres er vollfüllt, auf den Tisch rechts stellt.) Sie lieben wohl Süßigkeiten.

Karoline. Oh ja! (Nimmt Backwerk.)

Graf. Sie fürchten sich doch nicht, mit mir allein zu sein?

Karoline (ist essend zu den an der Wand hängenden Bildern getreten, betastet Alles, und wendet sich dann um). Warum sollte ich mich denn fürchten, es ist ja heller Tag!

Graf. Nun, es gefällt Ihnen also bei mir?

Karoline. Sehr gut! — Alles ist so schön, und was Sie für prächtige Bilder haben! — Dieses Backwerk schmeckt mir, sind da nicht Mandeln dabei?

Graf. Möglich! Aber nehmen Sie doch Platz, mein liebes Kind. (Bietet ihr bei dem Tische rechts einen Platz an.)

Karoline (beleidigt). Ich bin kein Kind mehr, man nennt mich „Fräulein!"

Graf (lächelnd). Also — mein Fräulein! (Auf das Gläschen weisend.) Versuchen Sie, es ist Damenliqueur feinster Sorte!

Karoline (kostet und schnalzt mit der Zunge). Das ist sehr süß! (Stellt das Glas auf den Tisch und setzt sich, wobei sie sich schaukelt.)

Graf. Trinken Sie doch.

Karoline (trotzig). Ich will nicht!

Graf. Warum?

Karoline. Weil ich einen Schwips bekäme!

Graf. Pah!

Karoline (indem sie einen Möbelstoff befühlt). Sie sind wohl sehr reich?

Graf (lachend). Nun man hat eben zu leben!

Karoline. Dann kann ich mir wohl noch ein Stück nehmen?

Graf. Greifen Sie nur zu! (Sie betrachtend, für sich.) Sie ist zum Entzücken!

Karoline. Aber was sehen Sie mich denn immer so an?

Graf. Weil Sie hübsch sind!

Karoline. Ha, ha, ha! Finden Sie das wirklich?

Graf. Sogar recht hübsch! — Das spanische Costüm kleidet Sie allerliebst!

Karoline (essend). Deshalb will ich mich auch darin fotografiren lassen.

Graf. Sie sind wohl gerne beim Ballet?

Karoline. Ich bekomme ja dafür meine Gage.

Graf. Sonst nichts?

Karoline. Was soll ich denn noch dafür bekommen?

Graf. Nun, ich meine nur, haben Sie nicht vielleicht einen vornehmen Verehrer?

Karoline. Einen vornehmen Verehrer?! — Was würde dazu mein Liebhaber sagen?!

Graf. Ah, Sie haben also schon einen Liebhaber!

Karoline. Freilich — einen Studenten! — Rudolf heißt er!

Graf. Und er will Sie wohl einstens heirathen?

Karoline. Heirathen?! — Ach daran habe ich noch — gar nicht gedacht!

Graf. Wirklich?

Karoline. Ich bin ja noch viel zu jung dazu! (Vertraulich.) Und dann möchte ich ja auch noch das Leben genießen!

Graf (indem er sich neben ihr niederläßt). Recht haben Sie! — Aber um das Leben zu genießen, bedarf man des Geldes!

Karoline. Ja freilich! (Unwillig.) Oh, daß das Geld gerade die reichen Leute haben müssen!

Graf (lachend). Das ist nun einmal so, sonst wären sie ja nicht reich!

Karoline (aufseufzend). Ah, wenn ich auch reich wäre!

Graf. Dann hielten Sie sich auch wohl eine Equipage?

Karoline (stets rasch einfallend). Mit zwei recht großen Schimmeln!

Graf. Elegante Toilette —

Karoline. Grünes Sammtkleid, — oh, grün steht mir sehr gut!

Graf. Kostbaren Schmuck —

Karoline (indem sie ihre Fäuste zeigt). Mit solchen Diamanten!

Graf. Bediente —

Karoline (in die Hände schlagend). Oh, das wäre herrlich!

Graf (ihr näher rückend). Nun, das Alles können Sie haben!

Karoline. Ich?! — Ha, ha, ha! Woher sollte ich denn das Geld hiezu nehmen?

Graf. Das wäre meine Sorge; das heißt (rückt ganz nahe) wenn Sie mich dafür ein klein wenig lieb haben könnten.

Karoline. Das ist komisch, ha, ha, ha! (Plötzlich im Lachen innehaltend, indem sie neugierig seine Rockklappe faßt.) Aber was ist denn das? —

Graf. Das, — das ist ein türkischer Orden.

Karoline. So?! — Sie sind also ein Türke!?

Graf. Nein, ich habe nur den Sultan am Bahnhofe empfangen!

Karoline. Ah, das muß also sehr lebensgefährlich sein, wenn Sie dafür einen Orden bekommen haben!

Graf. Das verstehen Sie nicht, mein Kind, (sich verbessernd) mein Fräulein, wollte ich sagen, doch Sie haben meine Frage noch nicht beantwortet!

Karoline. Welche?

Graf. Ob Sie mir ein klein wenig gut sein könnten?

Karoline. Ja, das weiß ich noch nicht!

Graf. Sie könnten mir also doch Hoffnung geben?

Karoline Vielleicht!

Graf. Wirklich?

Karoline (ihn prüfend betrachtend). Sie sind zwar allerdings bereits ein alter Herr — und dann sind Sie wirklich gar nicht hübsch! — Aber am Ende kann man sich selbst an das Häßlichste gewöhnen.

Graf. So?!

Karoline. Ja, ich bekam zum Beispiel einmal einen Mops, der sah ganz abscheulich aus und doch hatte ich mich so an ihn gewöhnt, daß ich ihn dann recht gut leiden konnte.

Graf (ist aufgestanden, erzürnt). Ah, Ihr Vergleich ist für mich sehr schmeichelhaft!

Karoline (folgt ihm, begütigend). Nun, so abscheulich wie der Mops sind Sie ja doch nicht —

Graf. Meinen Sie?

Karoline (kokett). Ja, und je länger ich Sie betrachte —

Graf (bereits wieder verliebt). Nun?

Karoline (hat neuerdings seine Rockklappe ergriffen). Was bedeutet denn dieses Bändchen?

Graf. Das ist ein persischer Orden!

Karoline. Persisch!? — Ach, da haben Sie vielleicht das persische Insectenpulver erfunden?

Graf. Nein, ich habe nur dem Schah meine Aufwartung gemacht.

Karoline. Ah, Sie warten also auch auf —?

Graf (lachend). Ja, ganz so, wie Ihr abscheulicher Mops! Haha!

Karoline (weinend). Ah, ich sehe schon, Sie wollen sich über mich lustig machen. (Will ab). Ich gehe und suche meinen Onkel.

Graf (sie zurückhaltend und beruhigend). Aber bleiben sie doch; es war ja nur ein Scherz. — (Sehr zärtlich.) Thränen in so großen, schönen Augen — —

Karoline (kokett, indem sie ihn gewissermaßen unter Thränen lächelnd ansieht). Habe ich schöne Augen?

Graf (mit Begeisterung). Reizend schöne! (Zärtlich). Doch nun erhören Sie meine Bitte? — Durch ein kurzes „Ja" können Sie sich Equipage und Lakaien, wie in einem Märchen herbeizaubern!

Karoline. Das wäre freilich recht hübsch, aber — sprechen wir lieber nicht mehr darüber — es geht ja doch nicht!

Graf. Warum nicht?

Karoline. Oh, Sie kennen Rudolf nicht, — der ist entsetzlich jähzornig, er würde Sie, mich, den Onkel, uns Alle umbringen!

Graf. Ah!?

Karoline. Ja, seine Eifersucht ist fürchterlich — als er mich unlängst mit einem Lieutenant sprechen sah, gerieth er außer sich vor Wuth und machte Scandal auf der Straße.

Graf. So!?

Karoline. Und als wir zu Hause waren, hat er mich sogar geschlagen!

Graf. Geschlagen?

Karoline. Ja, geschlagen — sehen Sie nur — (Streift die Aermel ganz empor.) Da sind noch die blauen Flecke! —

Graf. Wahrhaftig! (Lüstern, indem er ihren Arm befühlt.) Was Sie für einen weißen, vollen Arm haben!

Karoline (unwillig, sich losreißend). Aber zwicken Sie mich doch nicht so!

Graf. Ich wollte Ihnen ja nicht wehe thun, mein holdes Täubchen! (Ist ganz nahe gerückt — hat ihre Hand ergriffen und küßt selbe.)

Karoline (unwillig). Aber rücken Sie doch nicht so nahe.

Graf (bei Seite). Sie muß mein werden!

Karoline (scheinbar nachdenkend). Nun denke ich erst darüber nach, was Sie mir jetzt da gesagt haben. (Ihm mit dem Finger drohend.) Sie, wenn das Ihre Frau so gehört hätte!

Graf. Willigen Sie ein, und Sie sollen die Beweise meiner Noblesse haben!

Karoline. Wirklich? (Seufzend). Ja, wenn nur dieser Rudolf nicht wäre!

Graf. Gibt es denn gar kein Auskunftsmittel, ihn zu beseitigen?

Karoline. Oh, ich hätte eine Idee!

Graf. O sprechen Sie!

Karoline. Rudolf sucht eine Stellung — oh, er hat viel gelernt —

Graf. So?!

Karoline. Ja, er ist gescheidter, als wir beide zusammen! —

Graf. Haha, Sie scheinen nicht viel auf mein Wissen zu geben!

Karoline. Sie haben es auch nicht nothwendig, S i e sind r e i ch, aber er muß davon leben.

Graf. Nun, und was sucht er denn für eine Stellung?

Karoline. Er sagte, daß er eingekommen sei — bei einem Filisterium. —

Graf. Ah, das heißt wohl richtiger „Ministerium"?

Karoline. Oder Ministerium, — ich weiß nur, es handelt sich um eine Secretärstelle in Prag. —

Graf (bei Seite). Diable, das ist wohl gar dieselbe, die jener blöde Junge erhalten soll! —

Karoline. Was sagen Sie?

Graf. Nichts! — Also in Prag?

Karoline. In Prag. — Ja, sehen Sie, bekäme er nun die Stelle in Prag, so könnte er mich hier nicht überwachen — nicht wahr?

Graf. Ganz richtig!

Karoline. Hätte ich aber hier meine Freiheit, so fönnt' ich ja thun was ich will und dann —

Graf. Es wäre Ihnen also lieb, wenn dieser Student Secretär in Prag würde?

Karoline. Gewiß, sehr lieb!

Graf. Das freut mich, denn es ist mir ein Beweis, daß Sie mir schon ein klein wenig gut sind!

Karoline (verschmitzt). Glauben Sie?

Graf. Und deßhalb soll er auch jene Stelle erhalten! Ich werde meinen ganzen Einfluß zu Gunsten des Studenten einsetzen.

Karoline. Sie wollten dies? Hier seine Karte.

Graf. Du sollst Alles haben, was Dein Herz begehrt, theuerste Agazina!

Karoline (herumhüpfend und dabei in die Hände klatschend). Ich habe also dann Equipage, Bediente, Balkon, schöne Kleider, Diamanten, kurz, ich werde sein, wie eine noble Dame, nicht wahr?

Graf. Wie eine Prinzessin! — Doch nun gewähre mir das erste Zeichen Deiner Neigung, und schenke mir ein einziges Küßchen! (Hat sie umschlossen.)

Karoline (ist ihm rasch entschlüpft und läuft um die einzelnen Möbelstücke herum). Ja, aber fangen müssen Sie mich!

Graf (indem er, ohne jedoch seiner Noblesse Eintrag zu thun, bestrebt ist, sie zu erhaschen, fast athemlos). Warte, kleiner Kobold! —

Karoline. Etsch, Etsch, Sie bekommen mich nicht!

Graf (keuchend). Oh, ich erhasche Dich doch noch!

Neunte Scene.

Im selben Momente singt im rechten Seitenzimmer **Brüller** in italienischer Sprache aus Rigoletto: „Donna è mobile etc." und tritt dann aus diesem Seitenzimmer, eine Serviette ungebunden und eine Champagnerflasche in der Hand, einen Trunkenen simulirend, singend auf; ihm folgen bestürzt **Maurice** und **Joachim**, welche ihn vergeblich vom Heraustreten abhalten wollen. — Aus dem rechten Hintergrunde wird **François** durch den Lärm herbeigerufen. **Vorige.**

Karoline (als sie Brüller's Stimme hört, im Laufen innehaltend, mit dem Ausrufe). Oh, der Onkel!

Graf (geärgert, bei Seite). Gerade jetzt!

Brüller (dem Grafen, der Karoline verfolgt, in den Arm fallend). Evviva il baccio! evviva l'amore! à la salute dell' illustrissimo signor conte! (Hält ihm die Flasche hin). Trinken, caro amico mio! Dein Sciampagna sein, sehr gut und Deine Erzen seinsen anche gut!

Graf (zurückweichend). Was ist denn das?!

Brüller (indem er Karoline umarmt). O mia carissima Agazina, Du seinsen meine zweite padre — non vuol dir', ick seinsen deine zweite Vater — und Du seinsen meine erste Tofter! (Stürzt dann auf den Grafen, indem er ihn umarmen will.) Und Du Eccellenza, ju seinsen mein britte padre!

Karoline (lachend in die Hände klatschend). Der Onkel ist betrunken — hahaha! Der Onkel hat einen Rausch!!

Brüller (zu Maurice und Joachim, welche ihn packen wollen, von sich schleudernd). Va al diavolo! masnadieri maledetti, va via! Packen sik wek! infame Alunken; (Singt aus Don Juan.) evviva — la libertà, — la libertà! — (Ist auf einen Stuhl gesunken.) Evviva — la libertà — ed il — Sciampagna! bottega! un altra — bottiglia — (Schläft ein.)

Graf. Also mein liebes Kind, es bleibt dabei, Ihr Student soll die Stelle haben, doch müssen sie mir versprechen, daß Sie mir persönlich für meine Intervention danken werden!

Karoline. Ja! Aber was fang' ich mit dem Onkel an?

Diener. Excellenz, der Wagen!

Graf. Ich stelle Ihnen meinen Wagen zur Verfügung, er soll Sie mit Ihrem Onkel nach Hause bringen.

Karoline. Onkel, Onkel! Auf! Wir fahren nach Hause!

Brüller (springt auf). Was? Nach Hause! Nix fahren! Tanzen! Tanzen!

> Todos me dicen mi
> La niesma la sa
> Que estan queriendo
> Con tutto ardor
> Pero yo veo
> Con grande pesar
> Que todo esquasa

Music celestial
Ah!
Bacio, que ye te, yuro
Amor a fé tu trabucos
Ca vamos, cravatto Espagnol
Hudri, wudri t'schuri bum
Ah!
(Che, chin! chan!) Ah!

(Der Vorhang fällt.)

Ende des dritten Actes.

Vierter Act.

„Bruder Studio."

Personen:

Theobald von Birke, Professor.
Laurentina, dessen Frau.
Clementine, deren Tochter.
Victor, Ritter von Bloc, deren Bräutigam.
Schweitzer, das bemooste Haupt.
Kosinsky, Student.

Roller, Student.
Baron Istvan Juhasz.
Casimir von Wasserkopf.
Marie, Edle von Kutschenreiter.
Graf Albert von Sternheim.
Hanni, Dienstmädchen.
Peter, Gärtner.

Studenten, Bauersleute.

Ein großer eleganter, möglichst freier Blumengarten, so daß der Hintergrund nicht gedeckt ist. — Der Garten ist der Breite der Bühne nach von der Straße durch ein höheres, mit einem offenen Thore versehenes Eisengitter abgeschlossen, durch welches sich eine schöne Fernsicht mit praktikablen Hügeln, und im Hintergrunde verlaufenden, bewaldeten Gebirgsketten, über die sich die Straße zum Garten in krummen Windungen hinabschlängelt, bietet; rechts ragt die Spitze des Kirchthurmes hervor. — Im Vordergrund links ein nettes Landhaus, zu dessen Eingangsthür eine Holzstufe führt; rechts im Vordergrunde ein großer Speisetisch, Bänke und Stühle. — Vor Sonnen-Untergang.

Erste Scene.

Hanni und Peter sind eben daran, den Speisetisch rechts zu decken.

Hanni. So, Peter, daß wir nur nix vergessen, der Herr Professor kriegt heute gar noble Gäste!

Peter. Ja, lauter feine Verwandtschaft, die ihm zu seinem morgigen Geburtstag gratuliren kommen! — Oh, ich hab' auch schon einen schönen Buschen g'richt'!

Hanni. Wenigstens kommt Leben ins Haus! — Seitdem der ungarische Baron da is, is schon viel lustiger!

Peter. Aha, weil der junge Herr, der mit'n Baron kommen is, der Hanni nachsteigt, oh, ich hab's schon bemerkt!

Hanni. Ha, ha, ha! Der Peter wird doch net auf den eifersüchtig sein?!

Peter. Vorsicht schad' net, übrigens, erwisch ich ihn, daß er Dir wieder die Kur macht, so setz' ich ihm das erste beste Garteng'schirl auf! —

Hanni. Der, und Kur machen, der is ja viel zu dumm dazu! (Nach links sehend.) Aber da kommt er grab mit unserem Fräul'n, und wie er in sie h'neinredt!

Peter. Geh'n ma, Hanni, geh'n ma, es könnt sonst a Unglück g'scheg'n. (Zieht sie fort.)

Hanni (im Abgehen). Na, Peter! Bist Du a g'spassiger Ding überanand! —

(Beide nach dem Hause ab.)

Zweite Scene.

Von links im Garten **Clementine** mit **Casimir**. — Hierauf von rechts außer dem Thore **Victor** im Jagdrocke mit Stutzen und Hängetasche; hinter ihm ein Jägerbursche, der die erlegte Beute trägt.

Casimir (im Gespräche). Ich schwöre Ihnen, mein Fräulein, so schöne Safe, wie in Ihrem Stalle, habe ich nicht bald gesehen.

Clementine. Sie interessiren sich also für die Landwirthschaft —

Casimir. O sehr, ich bin ja so zu sagen, unter den Safen aufgewachsen. Hä, hä, hä! —

Clementine. Oh, da wohnen Sie wohl immer auf dem Lande?

Casimir. I freilich, — es ist ja sehr amusant, im Sommer, da gehen wir schwimmen und wenn der Snee ist, da fahren wir Slitten, oder wir gehen sleifen, — können Sie auch sleifen?

Clementine. Nein, ich habe es nie versucht.

Casimir. Ah, das ist sehr schade, das sieht sich so schön an, wenn eine Dame schleift! —

Victor (hat seine Jagdutensilien dem Jagdburschen übergeben, der mit allen hinter das Haus links abgeht; — vortretend). Guten Tag, Clementine!

Clementine. Ah, schon zurück von der Jagd? (Vorstellend). Herr Vitor Ritter von Bloc, mein Bräutigam! (Auf Casimir weisend.) Herr — —

Casimir (einfallend). Casimir von Wasserkopf!

Victor. Freut mich!

Casimir. Oh, ich bitte! — Sie werden also diese Dame heiraten? — Oh, ich hätte auch schon heiraten sollen, aber Mama meint — ich schäme mich fast, es zu sagen — Mama meint, ich soll noch wachsen!

Victor (bei Seite, zu Clementine). Was will denn dieser Tölpel hier?

Clementine (ebenso). Er bewirbt sich um eine Stelle!

Victor (wie früher, lachend). Ich gratulire!

Casimir (für sich). Gewiß sprechen sie von mir, ich scheine einen ganz guten Eindruck zu machen. (Laut.) Aber da wir jetzt beisammen sind, mache ich Ihnen einen Vorschlag!

Clementine. Nun?

Casimir. Spielen wir ein Gesellschaftsspiel, oh ich spiele alle Gesellschaftsspiele.

Victor. Lassen wir dies auf ein anderes Mal.

Casimir. Nun, so zeige ich Ihnen verschiedene Kunststücke; oh, ich kann sehr schöne, ich springe zum Beispiel durch einen Reif, oder ich schlage ein Rad so geschwind, daß Sie staunen werden; mein Fräulein, können Sie auch ein Rad schlagen?

Clementine (lachend). Nein, was Sie mir Alles zumuthen!

Casimir. Oh es ist nicht so schwer; ich lerne Ihnen schon das Rad schlagen!

Clementine (nach links in's Haus sehend). Ah, da kommt eben der Papa mit dem Herrn Baron und ich will Sie nicht länger Ihrem Pathen vorenthalten. (Nimmt Victor's Arm.)

Victor. Ja, wir wollen indeß in das Glashaus gehen. (Sich verneigend, mit Clementine links hinter das Haus ab.)

Casimir. Es war mir sehr smeichelhaft, eine so söne und liebenswürdige Bekanntsaft zu sließen. (Für sich.) Ein sarmontes Fräulein, ich freue mich son, wenn wir zusammen Rad slagen werden. (Ab.)

Dritte Scene.
Aus dem Hause links **Professor v. Birke. Baron Juhasz,** Casimir *bei Seite.*

Birke (ein jovialer, alter Herr von gewinnendem Aeußern, der den sächsischen Dialekt spricht. Trägt auf dem Kopf eine Haube mit Schirm). Ja sehen Sie, hören Sie, das ist nu äben so ne Sache, der junge Mensch hat se schändlich miserable Zeugnisse, Allenthalben kann man sich das gefallen lassen; wenn aber so een Mensch daher kommt, der se gar nichts weiß! des is beese — beese!

Juhasz. Ebatta, is große Esel!

Casimir (für sich). Ah!

Juhasz (fortfahrend). Aber das is grab Argument mehr, daß er hat verdient um Sie die Stell'. —

Birke. Na sehen Sie, hären Sie, mein Kutester, dieß Argument is Sie mir ganz unverständlich!

Juhasz. Na, werd ich Ihnen gleich beweisen.

Birke. Da bin ich sehr begierig!

Juhasz. Also per exemplum, Sie haben gewiß schon gehört, Professor, von Riesen und Zwerge —

Birke. Ach Herrjeses, das is doch eine alte Geschichte!

Juhasz. Ebatta, nehmen wir nun an, wann wären alle Menschen gleich groß, könnt es da geben Riesen? Bizony istenn, ein Riese wird ja erst ein Riese durch Vergleich mit Zwerg — enye — g'rad so ist es auch mit dem Verstand!

Birke. Aber erlauben Sie mir, mein Kutester.

Juhasz. Belieben nun anzunehmen, Professor, daß Sie sein ein grundgescheidter Mann.

Birke. Sie sein sehr kütig.

Juhasz. Das Sie sein sehr berühmt als Gelehrter! No hát, wem aber haben Sie zu danken, daß Sie sein berühmt!

Birke. Nun?

Juhasz. Wem sonst als Andern, was sind geblieben Dummköpf und was haben aus Bescheidenheit nix gelernt, wodurch Sie daher erst durch den Vergleich sind geworden ein berühmter Mann, und Sie sind daher Dummkopf verpflichtet zur Erkenntlichkeit; denn je größer is Esel, was steht neben Ihnen, um so größer stehen Sie ja dann da als Gelehrter!

Birke (lachend). Na sähjn Sie, hören Sie, mein kutester Vetter, Sie haben da eine ganz eigenthümliche Logik!

Juhasz. Ungar macht sich immer eigene Logik!

Casimir (tritt auf). Gestatten Sie mir — hochgesätzter Herr Professor —

Juhasz (Casimir unterbrechend). Ah, da bist Du ja, nun habe ich g'rad gesprochen sehr warm für Dich, und gestellt Deine vortrefflichen Eigenschaften in bestes Licht, wirst kriegen die Stell, nicht wahr, Professor?

Birke. Ich kann Sie darüber nichts Bestimmtes sagen!

Juhasz. No hát, haben mir Cousine Irma und Vetter Sternheim ja auch gestellt Aussicht auf ihrer Verwendung.

Birke. Ne, ne, wie sich des trifft, Sie haben mir beede für heute ihren Besuch angekündigt.

Juhasz. Was, die kommen her? A bizony isten — da haben wir ja schon gewonnen! — Aber jetzt, Casimir, schau'n wir hinüber auf Postamt, ich kann schon nicht mehr erwarten vor Ungeduld; heute war Preisvertheilung von Viehausstellung und da hat Freund in Wien versprochen, daß er mir wird geben gleich Aviso, ob ich hab bekommen Medaille.

Birke. Wenn Sie nich ungütig nehmen, werd' ich Sie ein Stück Weges begleiten, ich zeige Sie unsere Merkwürdigkeiten — eh! wir haben hier sogar noch römische Denkmäler!

Juhasz. Na kérem alásan wird uns sein eine große Ehre, belieben nur voraus zu spazieren! (An der Thüre.)

Casimir (im Abgehen). Oh, Herr Professor, ich schwärme sehr für römise Denkmäler — so Statuen sind oft sehr sön — Mama hat mir auch versprochen, wenn ich angestellt werde, daß sie mir extra einige römise Denkmäler machen läßt. —

Inhasz. Halt Maul, redst schon wieder so dummes Zeug. (Im Abgehen.) No hát, Professor, was sind Sie gegen den für großer Gelehrter!

(Alle drei durch die Thüre im linken Hintergrunde ab.)

Vierte Scene.

Aus dem Hintergrunde kommen von der Anhöhe, mit den Armen umschlungen **Karoline**, zu ihrer rechten Seite **Brüller**, zu ihrer linken Seite **Rudolf**, alle drei als Studenten mit: Cerevis, Lederhosen und Kanonen, sie tragen am Rücken je ein kleines Felleisen und in der Hand einen Ziegenhainer. — Brüller ist komisch maskirt als bemoostes Haupt und hat im Gesichte mehrere schmale Pflasterstreifen, wobei jedoch eine zu weit gehende Uebertreibung zu vermeiden wäre.

Alle drei (im Marschiren sehr frisch).
Unsere Ränzchen sind nicht schwer
Und die Taschen alle leer
Drum zieh'n wir leicht allemal
Ueber Berg und über Thal.

Karoline. Schaut aus einem Fensterlein
Just ein schönes Mägdelein,
Wünscht man ihm recht süße Ruh',
Wirft ihm rasch ein Küßchen zu —

Alle drei. Wünscht man ihm recht süße Ruh',
Wirft ihm rasch ein Küßchen zu —
Und dann ziehet weiter froh,
Lustig Bruder Studio!
Juheidie, Juheida! —!

(Sind in den Garten getreten und singen die zweite Strofe, indem sie sich der Reihe nach knapp vor die Thür des Landhauses postiren.)

Alle drei. Wandern wir durch Flur und Wald
Machen endlich wir dann Halt. —

(Indem sie mit ihren Ziegenhainern in gleichmäßigem Tempo auf die Holzstufen des Landhauses klopfen.)

Pochen höflichst an die Thür
Um ein freies Nachtquartier!

Karoline. Machet auf, es haltet Rast
Außen ein sehr werther Gast
Bittet Euch so —

Das Blitzmädel.

(indem sie mit dem Ziegenhainer das Führen des Fidelbogens nachahmt) schrum, schrum, schum —
Nun um ein viaticum! —

Alle Drei.
Bittet Euch so (Wie früher.) schrum, schrum, schrum!
Nun um ein viaticum!
Und dann ziehet weiter froh
Lustig Bruder Studio!
(Mit den Ziegenhainern wieder klopfend.)
Juheida, Juheida!!

Fünfte Scene.
Vorige. Laurentia (aus der Hausthür tretend).

Laurentia (im Heraustreten). Was ist denn das für ein Heidenlärm? — Ah, Studenten!

Karoline (sehr galant). Ja, Studenten, welche sich die Freiheit nehmen, in diesem Hause um gastliche Aufnahme zu bitten — wir haben wahrscheinlich die Ehre mit der hochverehrten Frau des allberühmten Herrn Professors von Birke zu sprechen?

Laurentia. Wie, Sie wissen, in wessen Hause Sie sind?

Brüller. Wir sollten es nicht wissen!? Preist nicht meilenweit jede Zunge den berühmten Mann?

Kern. Den Mann der Wissenschaft! —

Brüller. Und wir begrüßen Sie mit den Worten des unvergeßlichen Diogenes: Ego autem censeo, Carthagimen esse delendam. —

Kern (heimlich zu Brüller). Aber das paßt ja gar nicht —

Brüller (ebenso zu Kern). Das ist ja Alles eins — lateinisch is's doch!

Laurentia. Nun, mein Mann wird Sie gewiß freundlich aufnehmen, und Sie sollen hier gastliche Bewirthung finden, das heißt, wenn Sie sich begnügen mit dem was wir Ihnen hier auf dem Lande bieten können. —

Brüller. O gnädige Frau, sapienti sat, oder auf deutsch: der Gescheidte ißt sich überall satt, und ubi bene, ibi patria, war schon der Ausspruch des für uns leider zu früh dahingeschiedenen Alcibiades. —

Kern (heimlich zu Brüller). Aber was treiben Sie denn?

Brüller (ebenso). Ich imponire durch meine Gelehrsamkeit. —

Laurentia (zu Brüller). Doch sagen Sie mir, was haben Sie denn da im Gesichte für schwarze Flecken?

Brüller. Lauter Denkmäler vertheidigter weiblicher Unschulden! —

Karoline. Ja, als zweiter Frauenlob kämpfte er zwar nicht mit gereimtem Verse; doch dafür mit dem blanken Schläger für die Ehre der Damen.

Brüller (indem er auf die einzelnen Streifen in seinem Gesichte weist.) Crescentia, Elenora, Wilhelmine, Kunigunde, Thusnelde (Indem er Laurentia die Hand küßt), wie ist Ihr holder Name, gnädige Frau?

Laurentia. Nun, ich heiße Laurentia.

Brüller. Oh, wäre ich so glücklich, auch eine Laurentia in's Gesicht zu bekommen, dann würde ich ausrufen mit dem bereits todten, doch unsterblichen Cicero (Mit Begeisterung.) Si vales bene est, ego valeo. —

Laurentia (lachend). Sie sind ein komischer Kauz! Aber machen Sie sich's bequem und legen Sie Ihr Gepäcke ab. —

Brüller. Das ist leicht geschehen, denn jeder von uns kann sagen: Omnia mea mecum porto! Auf deutsch, für Alles was wir haben, brauchen wir kein Porto zu bezahlen!

Laurentia (bei Seite, zu Karoline). Der mit den Flecken muß wohl alle Klassiker auswendig können?

Karoline (ebenso). Freilich, er studirt ja auch schon — fünfundzwanzig Jahre — künftige Woche feiert er schon sein Studenten=Jubiläum!

Laurentia. Was Sie sagen! (In den Hintergrund gehend.) Ah, da kommt eben mein Mann! (Ihm entgegen gehend.) Sieh' doch einmal, Theobald, Studenten sind hier!

Sechste Scene.

Vorige. Birke (von der Mitte), dann **Hanni** und **Peter.**

Birke. Ach Herjeses, Studenten! Von wo?

Karoline (feierlich vortretend). Hochverehrter Herr Professor — im Heimwege von unserer Ferienreise bitten wir vor Allem, uns vorstellen zu dürfen, hier meine Freunde und Collegen Schweizer und Roller und meine Wenigkeit Kosinsky.

Birke. Schweitzer, Roller, Kosinsky — aa! hären Sie, wollen Sie denn hier Schiller's Räuber aufführen?

Karoline. Unsere Burschennamen, Herr Professor!

Birke. Ah, also Corpsstudenten — und was studiren Sie denn eigentlich? —

Karoline. Nun, ich bin eben noch ein grüner Jünger der Wissenschaft, kaum hinaus über die Anfangsgründe der Philosophie!

Kern. Ich habe das Jus absolvirt!

Brüller. Und ich habe alle Facultäten durchstudirt, ich weiß Alles!

Birke. Gott verbulde mich! Da guck' einmal, der weeß Alles!

Karoline. Ja, er ist unser bemoostes Haupt, der alle Corpsstudenten unserer Verbindung — „Brüllaria" heute noch um sich hier versammeln wird. —

Birke. Ach Herjeses, es kommt die ganze „Brüllaria" zu mir!

Karoline. Oh, gestatten Sie, daß die dankbaren Studen= ten ihrem geliebten einstigen Professor zu seinem Geburtsfeste den Ausdruck ihrer innigsten Verehrung darbringen dürfen. —

Birke (geschmeichelt). Ach, also als Gratulanten — nu, Laurentia, lauf nur mal geschwinde, und sieh', daß diese Herren einen Imbiß bekommen, — Gib aber Acht, daß du mir keene Flasche zerdebberst.

Laurentia (im Abgehen in's Haus). O, es ist schon Alles besorgt! (Ab.)

Birke (bei Seite). Die ganze Brüllaria! — Herjeses, Her= jeses! Mein armer Keller. (Laurentia hat mit Hanni und Peter Wein= flaschen und kalte Speisen auf dem Tische rechts abgelagert.)

Laurentia. So, meine Herren, wenn es also gefällig ist, so greifen Sie zu! (Schänkt die Gläser voll.)

Birke. Ja, greifen Sie nur zu! ich selbst will ihnen mit kutem Beispiele voran gehen! (Alle setzen sich.)

Brüller (bevor er sich gesetzt, zu Peter). Hören Sie, Kameel, haben Sie denn keine größeren Gläser?

Peter. Kameel? — oh, — Na wartens, ich bring' Ihnen halt gleich einen ganzen Krug!

Karoline, Brüller, Kern (haben sich mit den vollen Gläsern erhoben und singen ohne Orchesterbegleitung).

Wem bringen wir das erste Glas?
Wir leeren es zur Neige aus,
Ein lautes Hoch dem ganzen Haus!
(Anstoßend.)
Vivat!

Birke. Danke ergebenst, meine Herren, Sie sind zu gütig!

Laurentia. Die Herren Studenten, das sind immer lustige Patrone!

Birke. Ja, die Jugend, die goldene Jugend! (Nach Kern weisend.) Das heißt, der eene Herr dort, nehmen Sie mersch net ungütig, aber der scheent mir just eben nicht fidele.

Karoline. Ach, Professor, wenn man Kummer hat.

Birke. Kummer in diesen Jahren?

Karoline. Ja, ja, armer Freund Kern!

Birke. Kern? Kern? (Bei Seite.) Das wird doch nicht gar derselbe Kern sein?!

Karoline. Ja, Professor; wenn man, wie er, die juridischen Studien mit dem besten Erfolge absolvirt und trotz aller Kenntnisse wenig Aussicht hat, eine feste Stellung zu erreichen.

Brüller. Nun, Roller, Kopf in die Höh', vielleicht wirst Du doch noch Sekretär beim Prager Telegraphen.

Birke (bei Seite). Richtig, derselbe. — Nee, da will ich doch lieber nichts dergleichen thun! (Laut.) Aber trinken Sie doch, meine Herren! Das bringt eine fröhliche Stimmung!

Karoline (bei Seite). Er will nicht anbeißen; aber wart', ich bringe dich doch noch herum:

Laurentia (hat die Gläser vollgeschänkt). Ja, trinken Sie!

Karoline. Professor, Sie sagten vorhin, „die goldene Jugend" — ja denn ihr gehört die Welt, (Das Glas erhebend.) Angestoßen, Professor! Ein Hoch dieser Jugend!

Alle (stoßen an, und trinken, worauf Laurentia stets die Gläser füllt).

Birke. So ist's Recht!

Karoline (beginnt zu singen, wobei Brüller und Kern stets einfallen — immer ohne Orchesterbegleitung — Allgemeines deutsches Comersbuch von Silcher und Erck Seite 193).

> Frisch und froh in Saus und Braus
>   tralala — tralala —
> Zieh'n wir in die Welt hinaus
>   tralala — juche!
> Lustig hier und lustig dort
> Ist der Burschen Losungswort!
>   Juchai biabe!

Birke. Bravo-bravissimo!

Karoline. So zieht der Student, arm wie eine Kirchenmaus, aber reich an Hoffnungen fort aus der schönen Heimath, sein Ziel ist ja die Wissenschaft. — Die alte Mutter, — sie hat ihn noch geleitet bis zum letzten Häuschen des Dörfchens, wo seine Wiege gestanden — nochmals drückt die liebende Mutter segnend ihren Sohn an die Brust, noch einen Kuß, denn sie muß ja wohl auf Jahre sich scheiden von ihrem theuren Kinde und stille betet sie vor sich hin, daß es der Himmel schützen möge in der weiten — weiten Welt —

Birke (gerührt). Ja, ja, so ist es, — Hören Sie mal — Sie greifen mir in die Seele! —

Karoline. Der Student ist nun eingezogen in die Universität, Freude durchjauchzt sein junges Gemüth — es erschließt sich ihm ja eine neue fröhliche Welt und mitten im Kreise lustiger Kupanen erfreut er sich seiner goldenen Jugend (Singt — Comersbuch Seite 103.)

> Ça, ça, geschmauset,
> Laßt uns nicht rappelköpfig sein!
> Wer nicht mit hauset,
> Der bleib' daheim —
> Edite, bibite, collegiales,
> Post multa saecula pocula nulla!

(Brüller und Kern singen mit, wozu schließlich Birke mit einfällt.)

Birke (allein singend und das Glas erhebend). Ja, post multa saecula pocula nulla! Vivat die Jugend!

Alle (anstoßend). Vivat!

Karoline. Doch nur zu bald tritt der Ernst des Lebens an ihn heran — die liebende Mutter, sie hat ihr Letztes hingegeben für den Sohn; doch all' diese Opfer, sie reichen nicht hin; denn er ist ja noch so weit von seinem Ziele. — Nun gilt es den Kampf um seine Existenz! Kümmerlich fristet der Bettelstudent durch Lectionen sein Dasein und nur die Nacht gehört mehr ihm und seinen Classikern! —

Birke. Ja nu, aber so is es!

Karoline. Trotz alledem trägt er männlich all' das Mißgeschick, denn — (Comersbuch Seite 426.)
Der Bursch von echten Schrott und Korn
Hat immer frohen Muth, Valerie!

Brüller, Kern. Hat immer frohen Muth, Valerie!

Karoline. Am schweren Stiefel klingt der Sporn
Die Feder schwankt vom Hut —

Kern, Brüller, Birke.
Valerie, Valerie, die Feder schwankt vom Hut.

Alle (anstoßend). Prosit.

Karoline. Da durchbebt des Jünglings Seele ein bisher nie geahntes wonniges Gefühl, — es ist die Liebe! — Mit allen Fasern seines Herzens zieht es ihn hin zu ihr, der er sein ganzes Leben zu weihen beschlossen, der erste Kuß, er erschließt ihm ja einen ganzen Himmel und so oft er sich von ihr trennt, singt laut sein Herz in seliger Erwartung (Singt Comersbuch Seite 480.)
Laurentia, liebe Laurentia mein,
Wann werden wir wieder beisammen sein?!
Am Sonntag! am Sonntag!
Drum wollt ich, daß alle Tag Sonntag wär,
Und ich bei meiner Laurentia wär,
Laurentia!! —

Brüller, Kern (haben wie früher mitgesungen.)

Birke (hat anfangs leise, dann immer lauter eingegriffen, indem er Laurentia liebevoll umarmt).

Laurentia (hat in der zweiten Hälfte des Liedes hingerissen von ihren Gefühlen, gleichfalls mit eingestimmt. — Kurze Gefühlspause).

Birke (hat, indem er sich die Thränen aus den Augen wischt, das Glas ergriffen). Vivat! meine Laurentia, wees Gott, een braves Weib!

Alle drei Studenten. Ein Hoch der Laurentia!

Birke (hat sich bereits vom Weine angeheitert erhoben und tritt zu Karoline mit dem Glase in der Hand). Bruder Studio Kosinsky, ein Smollis, auf Du und Du!

Karoline (trinkt mit Birke nach Burschenart Bruderschaft, worauf sie sich küssen).

Brüller und Kern (zugleich, indem sie mit den Gläsern anstoßen). Hoch!!!

Laurentia (indem sie Birke betrachtet, schlägt lachend die Hände zusammen). Aber Theobald!

Birke (indem er sich wieder setzt, etwas angeheitert). Ach Herjeses, wie sich alles mit mir dreht, ich glaube gar ich habe Sie, wie wir Lateiner sagen, eenen kleenen Habemuß, aber egal — es lebe die Jugend! —

Karoline. Die Liebe, sie stählt nun doppelt den Muth des Studenten. Mit all' seiner Kraft steuert er nun auf sein Ziel; endlich hat er seine Studien mit dem besten Erfolge absolvirt, hat die glänzendsten Zeugnisse, er hat die berechtigsten Ansprüche auf eine feste Stellung in der Gesellschaft; aber wo er auch immer anklopft, weist man ihm vornehm die Thür; denn trotz seiner ehrlich erworbenen Kenntnisse fehlt ihm ja Alles — die Protection.

Birke (verlegen). Ja, ja, nu aber — es is Sie schon eenmal so!

Karoline. Und alle die Hohlköpfe, die setzen ihre Vettern, Basen und Muhmen in Bewegung und erklimmen Stufe um Stufe, während der fleißige Student von aller Welt verstoßen gleich meinem Freunde Roller, einer vielleicht trostlosen Zukunft entgegen geht, er hat keine Aussicht, seiner alten Mutter eine Stütze zu werden, ihm leuchtet kaum ein Hoffnungsstrahl, seine Geliebte zum Altar zu führen; denn das Ungeheuer, Protection, verwehrt ihm ja den Eingang zum Tempel des Glückes! —

Birke (ist aufgesprungen, indem er wiederholt auf den Tisch schlägt). Nee und tausendmal nee — und wenn alle Teufel los wären, das Ungeheuer muß erschlagen werden! (Zu Kern.) Sie sollen die Stelle haben, so wahr ich der Professor Birke bin!

Alle (ihn umarmend). Wirklich?

Birke. Ja, ja, aber nu laßt mich nur, ich bin ganz duselig im Kopfe. (Indem er sich auf Laurentia stützt.) Komm' liebe Alte, ich muß mich an Dir halten.

Laurentia. Nur zu, Theobald, wir haben ja immer zusammengehalten. (Beide im Gehen nach dem Landhause.)

Birke. Ja die Jugend, goldene Jugend! Sagt doch schon Schiller: O, daß sie ewig grünen bliebe, die schöne Zeit der Jugendliebe! (Indem er liebevoll die Arme um Laurentia schlingt, beginnt er leise zu ihr zu singen.)

Laurentia, liebe Laurentia mein! —
Wann werden wir wieder beisammen sein —

Laurentia und Birke.

Am Sonntag!
Ach, wenn nur schon wieder Sonntag wär',
Daß ich bei { meiner Laurentia / meinem Theobald } wär'!

(Beide sind so in das Haus abgegangen. — Es wird diese Scene der löbl. Regie zur besonders sorgfältigen Berücksichtigung anempfohlen.)

Karoline. Ich wußte es ja, ein braver Mann, der hat auch das Herz immer am rechten Fleck!

Brüller. Und Sie haben es gerade in's Centrum getroffen — nun, Rudolf, habe ich nicht Recht — ist sie nicht ein Blitzmädl?!

Kern. O, ich bin überglücklich! Karoline, doch jetzt soll dem Professor alle Ehre erwiesen werden! (Durch das Gitterthor ab.)

Brüller. Das geht mich an, das bemooste Haupt. Die Brüllaria soll ihre Schuldigkeit thun.

Brüller, Kern und Karoline.

Ja, der flotten Burschenzeit
Denkt man so voll Seligkeit;
Denn das Herz bleibt ewig jung,
Schwelgt in der Erinnerung.

Alle. Ja, das Herz bleibt 2c.
Und so ziehet weiter froh,
Lustig Bruder Studio!

(Dann Alle im Hintergrunde ab.)

Siebente Scene.

Peter und **Hanni** mit Gepäck beladen, ihnen folgen **Marie v. Kutschenreiter** und **Graf Sternheim**, hierauf treten aus dem Hause **Professor Birke** und **Laurentia**.

Peter (eilig, indem er schreit). Herr Professor! Herr Professor! Gäste sind da! (Geht wieder nach Abgabe des Gepäckes in den äußern Hintergrund ab.)

Hanni (zu Kutschenreiter und Sternheim). Bitte nur hieher, meine gnädigen Herrschaften!

Birke. Ah! Frau Räthin — Herr Graf! — Laurentia, komm doch heraus!

Laurentia. Wahrhaftig, die liebe werthe Verwandtschaft, nun ich begrüße Sie bestens in meinem Hause!

Graf. Wir kommen eben, um unserem lieben Vetter alles Glück zu wünschen.

Birke. Ach Herrje, ich danke Sie bestens, Sie sind zu freundlich!

Kutschenreiter. Mögen Sie sich noch recht lange der schönen Welt erfreuen!

Birke. Ich werde so frei sein, wenn Sie's nicht ungütig nehmen. (Zu Laurentia.) Geh' — sieh' doch nach, ob Alles in der Ordnung ist. —

Laurentia. Oh, es ist Alles zum Empfang unserer lieben Gäste vorbereitet! — Sie finden auch Vetter Istvan hier.

Graf und **Kutsch.** Ah!?

Graf (bei Seite). Da hat ihm wohl der Professor jene Stelle schon zugesagt; aber gleichviel, ich muß meinen Candidaten durchbringen!

Kutsch. (bei Seite). Die Frau des Professors muß meinen Candidaten stützen.

Birke (bei Seite, zu Laurentia). Die kommen auch gewiß wegen dieses Casimir's. Der Kampf wird beese — sehr beese, — aber gleichviel, mein Candidat wird es, Punktum! (Laut.) Aber ich bitte, wollen Sie nicht so gütig sein, herein zu spazieren? —

Laurentia. Ja, kommen Sie, meine Herrschaften!

(Alle in's Haus ab.)

Achte Scene.

Peter von außen, **Hanni** aus dem Hause, **Bauersleute**. Hierauf vom Berge herab **Brüller** und **Kern** an der Spitze der **Telegrafistinnen**, welche sämmtlich als Studenten verkleidet sind.

Peter. Eine Menge Studenten ziehen über'n Berg herüber, ich hab's vom Kirchthurm aus gesehen.

Hanni. Oh, da wird's ja heut gar lustig bei uns werd'n — das sein gewiß lauter schöne, junge Leut'! —

Peter. Du, Hanni! Ich sag' Dir's!

Hanni. Fangst schon wieder an, mit Deiner Eifersucht! — Ah, da kummen's schon!

(Bauersleute haben sich neugierig angesammelt. — Studenten singend im Marsche mit voller Orchesterbegleitung; Commersbuch Seite 192.)

Studenten.
Frisch auf, frisch auf, mit Sang und Klang!
Frisch auf, Studenten-Chor!
Singt, Bursche, singt aus voller Brust,
Gesang gibt Muth und Lebenslust,
Und hebt das Herz empor.
Hurrah!

Brüller. Halt! — So, da sind wir Kameraden!

Bauersleute (indem sie lachend nach Brüller weisen, untereinander, doch deutlich vernehmbar). Wie sieht denn der aus! — Das ist ja ein alter Student! Hahaha!

Brüller. Ruhig! Bauerngepäck — Respect vor dem bemoosten Haupt!

Bauersleute. Ein bemoostes Haupt? Hahaha!

Brüller. Ihr Philister, Kammeele, Rhinoceroße — Ihr wißt wohl gar nicht, was ein bemoostes Haupt ist, nun paßt auf, ich will es Euch Strohköpfen erklären —

(Singt:)

Ich habe als bemoostes Haupt
Studirt, was immer nur erlaubt —
Jurisprudenz, Theologie,
Astronomie, Zoologie,
Philosophie, Geologie,
Pathologie, Geometrie,

Phrenologie, Geographie,
Anatomie, sowie Chemie
Das war mir alles Wurst, Wurst, Wurst,
So groß war stets mein Durst, Durst, Durst,
Mein Durst nach Wissenschaft.

Alle. Das war ihm alles Wurst, Wurst, Wurst,
So groß war stets sein Durst, Durst, Durst,
Sein Durst nach Wissenschaft.

Brüller. Der Cicero, Pythagoras,
Diogenes sammt seinem Faß,
Virgil, Homer, wie Tacitus,
Ovidius, Horatius,
Ob griechisch oder ob latein,
Auch kann es selbst chaldäisch sein.
Ich schreck' selbst vor Hebräern nicht,
Wenn sich's mit Ihnen nur gut spricht.
Das ist mir alles Wurst, Wurst, Wurst,
So groß war stets mein Durst, Durst, Durst,
Mein Durst nach Wissenschaft!

Alle. Das alles ist ihm Wurst, Wurst, Wurst,
So groß war stets sein Durst, Durst, Durst,
Sein Durst nach Wissenschaft.

Brüller. Doch hatt' ich leider mein Gefrett
An jeder Universität.
Von Jena ging's nach Heidelberg,
Nach Freiburg, Leipzig, Königsberg,
Nach München, Weimar, Göttingen,
Nach Breslau, Würzburg, Thübingen,
Bevor jedoch ich was studirt,
Wurd' ich stets leider relegirt.
Doch war mir alles Wurst, Wurst, Wurst,
So groß war stets mein Durst, Durst, Durst,
Mein Durst nach Wissenschaft.

Alle. Das alles ist ihm Wurst, Wurst, Wurst,
So groß war stets sein Durst, Durst, Durst,
Sein Durst nach Wissenschaft!

Brüller. In Freiburg hatt' ich randallirt,
Und Nachts die Bürger allarmirt —

In Kiel kam eine Putiphar,
Da lief ich, was zu laufen war —
In Weimar hatt' ich duellirt
Und ihrer Fünfe massakrirt,
In Jena gar hatt' ich erst Noth,
Dort schlug ich zehn Philister todt;
Doch Alles war mir Wurst, Wurst, Wurst,
So groß war stets mein Durst, Durst, Durst,
Mein Durst nach Wissenschaft!

Alle. Doch Alles war ihm Wurst, Wurst, Wurst,
So groß war stets sein Durst, Durst, Durst,
Sein Durst nach Wissenschaft.

Brüller. In Breslau sollt' ich dreimal frei'n,
Doch immer that's mich wieder reu'n,
In Leipzig war mein Pumpen groß,
Doch schließlich brach die Krisis los —
In Würzburg machte mein Gesang
Den Hausherrn und die Bauten bang,
In München schmießen sie mich h'naus,
Denn ich soff 's ganze Bräuhaus aus;
Doch Alles war mir Wurst, Wurst, Wurst,
So groß war stets mein Durst, Durst, Durst,
Mein Durst nach Wissenschaft.

Alle. Doch Alles war ihm Wurst, Wurst, Wurst,
So groß war stets sein Durst, Durst, Durst,
Sein Durst nach Wissenschaft! —

Brüller. So, jetzt wißt Ihr, Ihr dummes Bauernvolk, was ein bemoostes Haupt ist und nun laßt uns ungeschoren. (Zu den Studenten nach den Bergen weisend.) Kameraden, dort seht hin!

Alle (lachen; dann). Was kommt dort von der Höh'?
Es ist der Herr Magyar,
Es ist der biedere Herr Magyar,
Sa, sa, Herr Magyar,
Es ist der Herr Magyar!

Juhasz (im Auftreten, mit Casimir). Isten bizony, was is das für große Gesellschaft?

Casimir. Ah, wohin zieht denn die ganze Saar von Studenten?

Brüller (indem er Casimir auf die Achsel schlägt, so daß derselbe zusammenknickt, ihm nachspottend). Die ganze Saar von Studenten zieht in den Krieg gegen die Philister! (Zu den Studenten.) Doch jetzt Kameraden, in Positur gesetzt! — Es gilt dem verehrten Professor unsere Ovation zu bringen.

Alle Studenten (stellen sich feierlich vor dem Hause auf, singend: Melodie von Gaudeamus — Commersbuch S. 196).

Vivat Academia!
Vivant professores! etc.

Neunte Scene.

Aus dem Hause treten: **Professor v. Birke** mit **Laurentia**, weiters **Clementine**, Arm in Arm mit **Bloc**; weiters folgend **Marie v. Kutschenreiter** und **Graf Sternheim**, schließlich **Karoline**, wieder in Damenkleidern.

Birke. Meine Herren — Sie sehen mich nu äben tief gerührt, ich danke Sie auf das Herzlichste und rufe mit Sie aus innigster Seele: Vivat Academia!

Alle. Vivat!

Birke (ist zu Kern getreten). Nu, Freund Roller, ich gratuliere Sie, ich habe mein Wort gehalten, nicht der Protection, sondern dem Verdienste seine Krone. (Uebergibt ihm ein Dekret.) Hier, Ihre Ernennung!

Kern. Oh, Sie haben damit ein ganzes Lebensglück begründet!

Juhasz. Istenem, und was is mit Casimir?

Birke. Vetter, es war Sie wirklich nicht möglich, er is zu demlich! Er hat gar keine Gritze!

Casimir (weinend). Was wird Mama sagen?

Juhasz. Na, wein' nicht, hab' ich kriegt bei Viehausstellung Anerkennung, no schenk' ich Dir, da hast Du Preismedaille! (Hängt ihm die Medaille um.)

Casimir. So ein Ehrenzeichen! Diese Sand! (Läuft ab.)
Juhasz (ihm nach).
Alle (lachen).
Birke. Aber wo steckt denn mein kleiner Kosinsky.

Karoline (tritt aus dem sich theilenden Kreise der Studenten hervor). Hier, Herr Professor, steht er vor Ihnen, um vom ganzen Herzen Dank zu sagen!

Sternheim (bei Seite). Ah, da ist sie ja!

Birke. Ach herrjeses — wahrhaftig, und ein Frauenzimmer — Sie haben also wohl gar Komödie gespielt?

Karoline (indem sie Rudolf die Hand reicht). Verzeihen Sie, aber was thut man nicht für den Mann, den man liebt — —

Sternheim (bei Seite). Ah, sollte sie mich getäuscht haben?

Birke. Ah, so steht also die Geschichte, nu is auch gut.

Laurentia. Theobald, Theobald, da ist es jetzt Nichts mehr mit der Bruderschaft!

Birke. Ne, das geht niche! (Bei Seite, vergnügt.) Aber geküßt habe ich sie doch und das ist mir das Liebste!

Karoline (ist zu dem abseits stehenden Grafen Sternheim getreten). Herr Graf, ich habe Ihnen versprochen, persönlich meinen Dank auszudrücken.

Sternheim (zu ihr, sich jedoch dann unmuthig abwendend). Schlange!

Brüller (ist von der andern Seite zum Grafen getreten). Conte, kennen wohl nift mif, — Guiseppe, Giovanni, Paolo, Giulio, Dominico, Ambrogio Saltarelli — primo maestro de ballo di sua Altezza —

Sternheim (entrüstet, für sich). Ach, unerhört! Man hat mich dupirt!

Karoline (ist zu Kutschenreiter, welche auf der andern Seite abseits steht, getreten). Madame Kutschenreiter! — Eine schöne Gruß von die soeurs de sainte Madelaine. (Leise singend.)

Et tout cela se fait
Pour l'amour — pour l'amour de Dieu —
Et toujour avec, avec, avec —
Avec, die gute Zweck!

Kutsch. (erstaunt). Ah, Sie sind wohl gar —

Karoline (indem sie ihr die Hand reicht). Nun, wir Beide sind dadurch glücklich geworden!

Brüller. Nun, habe ich nicht Recht, daß sie ein Blitzmädel ist. — Und jetzt ein Pereat der Protection! Und ein Hoch! allen Männern der Wissenschaft!

Alle. Hoch!

Die Studenten. Lustig rücken wir nun vor,
Als der flotten Bursche Chor,
Stimmen an mit hellem Klang
Deutsches Lied und deutschen Sang.
Der Studenten munt're Schaar
Bringet nun ihr Ständchen dar,
Daß es so durch Flur und Wald
Weithin grüßend widerhallt;
Immer frisch und immer froh
Ist der Bruder Studio!

(Diesem Gesang schließt sich unmittelbar ein Fackelzug mit färbigen Lampions der Studenten von der Bergeshöhe herab an. — Entsprechende Gruppe malerisch vertheilt als Schluß.)

E n d e.

Druck von J. C. Fischer & Comp. Wien.

Nr. 28. **Die Zauberformel.** Lustspiel in einem Akt von S. Fritz.
Preis 50 kr. od. M. 1.—
Nr. 29. **Das Weib des Claudius.** Schauspiel in drei Akten von Alex. Dumas (Sohn). Preis 80 kr. od. M. 1.60.
Nr. 30. **Die Tochter des Wucherers.** Schauspiel mit Gesang in fünf Akten von L. Anzengruber. Preis 1 fl. 20 kr. od. M. 2.40.
Nr. 31. **Ein delicater Auftrag.** Lustspiel in einem Akte, nach dem Französischen von Anton Ascher. Preis 60 kr. od. M. 1.20.
Nr. 32. **Oenone.** Trauerspiel in einem Aufzuge von Alfred Berger.
Preis 60 kr. od. M. 1.20.
Nr. 33. **Der Seiltänzer.** Schauspiel in einem Akt von Octave Feuillet. Preis 60 kr. od. M. 1.20.
Nr. 34. **Angôt, die Tochter der Halle.** Komische Oper in drei Akten. Deutsch von Anton Langer. Preis 50 kr. od. M. 1.—
Nr. 35. **Der Strike der Schmiede.** Dramatisches Gedicht von François Coppée. Der Rabe von Edgar Poë. Deutsch von Eduard Mautner. Preis 50 kr. od. M. 1.—
Nr. 36. **Verstrickt.** Schauspiel in vier Akten von Leon Laya. Deutsch von Adolf Sonnenthal. Preis 1 fl. 20 kr. od. M. 2.40.
Nr. 37. **Cassis Pascha.** Posse mit Gesang in einem Akt. Nach dem Französischen von Carl Treumann. Preis 60 kr. od. M. 1.20.
Nr. 38. **Der verliebte Löwe.** Schauspiel in vier Akten von Ponsard. Deutsch von Dr. August Förster. Preis 1 fl. 50 kr. od. M. 3.—
Nr. 39. **Der letzte Babenberger.** Tragödie in fünf Aufzügen von Heinr. Bohrmann. Preis 1 fl. 50 kr. od. M. 3.—
Nr. 40. **Der Raubmörder.** Lustspiel in einem Akte nach dem Französischen des Edm. About, deutsch v. F. Zell. Preis 60 kr. od. M. 1.20.
Nr. 41. **Der G'wissenswurm.** Bauernkomödie mit Gesang in drei Akten von L. Anzengruber. Preis 1 fl. od. M. 2.—
Nr. 42. **Vater Radetzky.** Historisches Charaktergemälde aus dem Soldatenleben mit Gesang und Tanz in vier Abtheilungen von Eduard Dorn. Preis 1 fl. 20 kr. od. M. 2.40.
Nr. 43. **Schönröschen.** Komische Operette in 3 Akten v. Cremieux u. Blum. Deutsch von C. Treumann. Preis 50 kr. od. M. 1.—
Nr. 44. **Die Schwestern von Rudolstadt.** Lustspiel in einem Akt von Sigm. Schlesinger. Preis 60 kr. od. M. 1.20.
Nr. 45. **Hand und Herz.** Trauerspiel in vier Akten von L. Anzengruber. Preis 1 fl. od. M. 2.—
Nr. 46. **Madame Herzog.** Komische Operette in 3 Akten v. Millaud. Deutsch von Julius Hopp. Preis 50 kr. od. M. 1.—
Nr. 47. **Sulamith.** Trauerspiel in fünf Akten von Franz Keim.
Preis 1 fl. 20 kr. od. M. 2.40.
Nr. 48. **Er kann nicht lachen.** Dramatischer Scherz in einem Aufzuge von Curt. v. Zelau. Preis 50 kr. od. M. 1.—
Nr. 49. **Das letzte Aufgebot.** Vaterländisches Volksstück mit Gesang in zehn Bildern von Eduard Dorn. Preis 1 fl. od. M. 2.—
Nr. 50. **Die gebildete Köchin.** Posse mit Gesang in einem Akte von Anton Bittner. Preis 50 kr. od. M. 1.—
Nr. 51. **Doppelselbstmord.** Bauernposse mit Gesang in drei Akten von L. Anzengruber. Preis 1 fl. od. M. 2.—
Nr. 52. **Die Perle der Wäscherinnen.** Komische Operette in 3 Akten v. Durn u. Thibot. Deutsch v. Hopp. Preis 50 kr. od. M. 1.—
Nr. 53. **Fatinitza.** Komische Oper in drei Akten von Zell und Genée. Musik von Franz von Suppé. Preis 50 kr. od. M. 1.—
Nr. 54. **Aus dem Stegreif.** Festspiel in einem Aufzuge von Josef Weilen. Preis 60 kr. od. M. 1.20.
Nr. 55. **Das Weib des Urias.** Trauerspiel in fünf Akten nebst einem Vorspiel von Franz Türk. Preis 1 fl. od. M. 2.—

Nr. 56. **Prinz Conti.** Komische Operette in drei Akten von Sardou u. Gille. Musik v. Charles Lecocq. Preis 50 kr. ob. M. 1.—

Nr. 57. **Aus Vorsicht.** Lustspiel in einem Aufzuge von Friedrich Gustav Triesch. Preis 60 kr. ob. M. 1.20.

Nr. 58. **Die Danischeff's.** Schauspiel in vier Akten von Peter Newsky. Preis 1 fl. 20 kr. ob. M. 2.40.

Nr. 59. **D'Randl von Ebensee.** Gelegenheitsschwank mit Gesang in zwei Bildern von Anton Langer. Preis 60 kr. ob. M. 1.20.

Nr. 60. **Vom Juristentage.** Posse in einem Aufzuge von Anton Langer. Preis 60 kr. ob. M. 1.20.

Nr. 61. **Eine Vereinsschwester.** Schwank in einem Akt von Anton Langer. Preis 60 kr. ob. M. 1.20.

Nr. 62. **Der Herr Gevatter von der Straße.** Genrebild in einem Aufzuge von Anton Langer. Preis 60 kr. ob. M. 1.20.

Nr. 63. **Eine verfolgte Unschuld.** Posse mit Gesang in einem Akt von Anton Langer. Preis 60 kr. ob. M. 1.20.

Nr. 64. **Das heiß' Eysen.** Ein Fastnachtsspiel auf sreudiger Schawbine eröffnet von Hanns Sachs. Preis 40 kr. ob. 80 Pf.

Nr. 65. **Die ehrlich Bäckin mit ihren drei vermeinten Liebsten.** Ein Possenspiel von Jacobus Ayrer. Preis 50 kr. ob. M. 1.—

Nr. 66. **Hanswurst, der traurige Küchelbäcker und sein Freund in der Noth.** Von Gottlieb Prehauser. Preis 60 kr. ob. M. 1.20.

Nr. 67. **Geheimnisse.** Plauderei in einem Akt von F. Groß. Preis 60 kr. ob. M. 1.20.

Nr. 68. **Fromont junior & Risler senior.** Drama in 5 Aufzügen von Alf. Daude und A. Belot. Preis 1 fl. 20 kr. ob. M. 2.40.

Nr. 69. **Einer von der Feuerwehr.** Lebensbild mit Gesang in 5 Abtheilungen von R. J. Kola. Preis 1 fl. 20 kr. ob. M. 2.40.

Nr. 70. **Der ledige Hof.** Schauspiel in vier Akten von L. Anzengruber. Preis 1 fl. 50 kr. ob. M. 3.—

Nr. 71. **Die Christin.** Trauerspiel in vier Aufzügen von Sigmund Kolisch. Preis 1 fl. 50 kr. ob. M. 3.—

Nr. 72. **Prinz Methusalem.** Komische Operette in drei Acten. Deutsch von C. Treumann. Musik von Johann Strauß. Preis 50 kr. ob. M. 1.—

Nr. 73. **Reine Liebe.** Lustspiel in einem Aufzuge von Friedrich Gustav Triesch. Preis 60 kr. ob. M. 1.20.

Nr. 74. **Ein Kampf um's Dasein.** Lustspiel in drei Aufzügen von von Adolf Wilbrandt. Preis 1 fl. 50 kr. ob. M. 3.—

Nr. 75. **Pikante Enthüllungen.** Schauspiel in drei Aufzügen von Emil Arter. Preis 1 fl. ob. M. 2.—

Nr. 76. **Artikel V der Dienst-Ordnung.** Dramatisches Genrebild in drei Aufzügen von Emil Arter. Preis 1 fl. ob. M. 2.—

Nr. 77. **Der Kuß.** Lustspiel in vier Aufzügen. Aus dem Ungarischen des Ludwig Dóczi. Zweite Aufl. Pr. 1 fl. 50 kr. ob. M. 3.—

Nr. 78. **Durch die Zeitung.** Lustspiel in einem Aufzuge von Adolf Wilbrandt. 75 kr. ob. M. 1.50.

Nr. 79. **Der Feind im Haus.** Lebensbild mit Gesang in drei Aufzügen von Anton Langer. 1 fl. 20 kr. ob. M. 2.40.

Nr. 80. **Die Verlassenen** Lustspiel in einem Act von Bauernfeld. Preis 60 kr. ob. M. 1.20.

Nr. 81. **Träume sind Schäume.** Lustspiel in einem Aufz. v. Friedr. Gust. Triesch. Preis 50 Nkr. ob. M. 1.—